GÜTERSLOHER
VERLAGSHAUS

G

Gütersloher Verlagshaus. Dem Leben vertrauen

Wolfgang Schmidbauer, geb. 1941, ist einer der renommiertesten Psychotherapeuten Deutschlands. Er ist der Gründer eines Instituts für Analytische Gruppentherapie, Lehranalytiker in München und hat viele erfolgreiche Bücher veröffentlicht.

Wolfgang Schmidbauer

PSYCHOLOGIE DES TERRORS

Warum junge Männer zu Attentätern werden

Gütersloher Verlagshaus

Bibliografische Information der Deutschen Nationalbibliothek
Die Deutsche Nationalbibliothek verzeichnet diese Publikation
in der Deutschen Nationalbibliografie; detaillierte bibliografische Daten
sind im Internet über http://dnb.d-nb.de abrufbar.

Verlagsgruppe Random House FSC-DEU-0100
Das für dieses Buch FSC-zertifizierte Papier *Munken Premium*
liefert Arctic Paper Munkedals AB, Schweden.

1. Auflage
Copyright © 2009 by Gütersloher Verlagshaus, Gütersloh,
in der Verlagsgruppe Random House GmbH, München

Satz: Satz!zeichen, Landesbergen
Umschlaggestaltung: INIT, Bielefeld
Umschlagmotiv: istockphoto
Druck und Einband: GGP Media GmbH, Pößneck
Printed in Germany
ISBN: 978-3-579-06526-7

www.gtvh.de

Inhalt

Einleitung

Mit politischen Übeln ist es wie mit Krankheiten:
Solange sie noch leicht zu heilen sind, sind sie schwer zu erkennen.
Wenn sie aber jeder erkennen kann, ist es für eine Heilung oft zu spät.

Niccolo Macchiavelli

Angesichts der Bereitschaft junger Männer und (seltener) Frauen, sich für ein politisches Ziel in die Luft zu sprengen, versagt die Alltagspsychologie. Die Beweggründe der Täter wirken rätselhaft; sie werden von ihnen auch meist mit religiösen Erlösungs- und Opfervorstellungen rationalisiert.

Aber eine vertiefte Untersuchung der seelischen Entwicklung dieser Menschen zeigt, dass die Bereitschaft, anderen und sich selbst in einer derart explosiven Aggression zu begegnen, nicht in fremden kulturellen Traditionen oder einem veralteten Aberglauben wurzelt. Selbstmordterror kann heute überall dort entstehen, wo bestimmte innere und äußere Bedingungen erfüllt sind. Das zeigt auch die Tatsache, dass inzwischen diese zu allem bereiten Täter auch in Europa geboren und erzogen werden.

Die dem Menschen durch die Technik geschenkten Möglichkeiten, durch kleine Bewegungen immense Wirkungen zu erzielen, haben wir in ihrem Gefährdungspotenzial noch kaum erkannt. Es geht um eine seelische Dynamik, die mit der faszinierenden Macht über die Bilder beginnt, die jedem Kind der Konsumgesellschaft durch die TV-Fernsteuerung geschenkt wird. Sie führt zur Macht über Leben und Tod, die jeder hat, der *am Drücker* einer Waffe ist und steigert sich noch in der Möglichkeit, selbst zur Bombe zu werden.

Besonders gefährlich scheint die Faszination von Waffen und Explosionen für junge Männer. Angesichts einer Gesellschaft, die männliche Überlegenheit (etwa an roher Kraft) nicht mehr brauchen kann und im Arbeitsleben »weibliche« Tugenden (wie Einfühlung, Ausdauer, Geduld, Verhandlungsgeschick) fordert, wird die Waffe zu einer Prothese des erschütterten männlichen Selbstgefühls.

Kampf und Flucht, die menschlichen Ur-Affekte, stehen den Primitivreaktionen zum Schutz des Selbstgefühls nahe. Wie ängstliche Spaziergänger, die einen Platz im Inneren der Gruppe suchen, wenn von außen ein bellender Hund herbeiläuft, entlasten wir uns, indem wir möglichst viele andere zwischen den Angreifer und uns selbst bringen. In vielen Stellungnahmen zum Terrorismus wird der Abstand zu den Tätern übertrieben; sie werden als eine krankhafte Extremvariante menschlichen Verhaltens gesehen, als ein böses Rätsel.

Seit ich als Therapeut arbeite, haben mich die Hinter- und Abgründe jener menschlichen Eigenschaft beschäftigt, die wir *Idealismus* nennen und mit dessen Analyse sich heute die Narzissmusforschung beschäftigt. Eine der Folgen war die Beschäftigung mit dem Helfer-Syndrom, eine andere die mit der Destruktivität von Idealen, dem Alles-oder-nichts-Prinzip.

Ich war immer daran interessiert, wie sich narzisstische Bedürfnisse Einzelner in Gruppen, Institutionen und Organisationen niederschlagen. In diesen Arbeiten entwickelte ich einige spezifische Vorstellungen über soziale Ausdrucksformen des Narzissmus: den *pharisäischen*, den *kannibalischen*, den *parasitären* Narzissmus.

Der pharisäische Narzissmus gewinnt Sicherheit und Selbst-Aufwertung aus der Abwertung anderer (*Herr, ich danke dir, dass ich nicht so bin wie dieser!*) der kannibalische Narzissmus richtet diese Entwertungen mit einem hohen Risiko der Selbstzerstörung gegen jene Personen, von deren Anerkennung sich die oder der Betroffene abhängig fühlen, gegen ein Elternteil, einen Liebespartner, einen Arbeitskollegen, Mitarbeiter oder Vorgesetzten *(Mobbing)*. Der parasitäre Narzissmus führt zu Erscheinungen wie Klatsch, Starkult, Denunziation; eine gegenwärtig aktuelle Form sind die so genannten *Trittbrettfahrer*, die behaupten, eine Bombe gelegt oder einen Brief vergiftet zu haben.

In diesem Buch will ich eine weitere soziale Form der narzisstischen Störung untersuchen: den *explosiven* Narzissmus der menschlichen Bombe.

Wer sich so lange wie ich mit der öffentlichen Rolle der Psychologie beschäftigt hat, wird sich auch der Risiken jenes Vorgangs bewusst, den wir *Psychologisieren* nennen. Dabei geht es nicht um Aufklärung mit Hilfe einer rationalen Untersuchung, sondern um Verschleierung von Interessen mit Hilfe psychologischer Phrasen.

Wer psychologisiert, hat im Grunde nichts von Psychologie verstanden. Er missbraucht sein Wissen, um genau jene Rolle zu spielen, die eben dieses Wissen ihm nehmen will. Es ist die Rolle des Propheten, des Vereinfachers, der über Geschichte, Politik und Kultur nichts mehr wissen muss, weil er *die Seele* kennt – als ob es eine Seele gäbe, die er ohne Wissen um diese äußeren Strukturen erforschen kann.

Wenn eine narzisstische Explosion stattgefunden hat, heißt es oft, Amokläufe und Attentate seien nicht voraussehbar. Die Täter handelten aus Motiven, die dem gesunden Menschen völlig fremd seien.

Der explosive Narzissmus, dessen dramatischer Ausdruck gegenwärtig die menschlichen Bomben sind, speist sich, so paradox es klingt, aus dem Sicherheitsbedürfnis traumatisierter Menschen. Terroristen handeln aus der Sehnsucht nach einer Welt heraus, in der sie sich entspannen können, ein Gefühl, zu dem zu finden sie unfähig sind. Wer sich mit den Lebensläufen der jungen Männer beschäftigt, die irgendwann durch ein terroristisches Projekt auffallen, der findet eine zerstückelte Biografie, in der es immer darum zu gehen scheint, nur nicht zur Ruhe zu kommen. Eine religiöse Konversion oder die Fanatisierung einer nationalen Politik sind Wendungen in der eigenen Lebensgeschichte. Dem künftigen Terroristen sind sie nicht radikal, nicht energisch genug, er sucht weiter, bis er eine Gruppe findet oder gründet, in der er dem Tod begegnet – teils identifiziert mit diesem als Killer, teils ihm ausgesetzt als Opfer, im Selbstmordterror beides.

Warum sollen wir uns mit solchen Entwicklungen beschäftigen? Weil wir in stabilen Zeiten diese Ruhelosen erkennen, behandeln, zum Teil heilen, zum Teil doch in ihren zerstörerischen Reaktionen zügeln können. In instabilen Zeiten aber beginnen sie, uns zu regieren. Aus ihrer Mitte entstehen Propheten und Politiker, die fähig sind, ihre eigenen Verletzungen zu kompensieren, indem sie Macht gewinnen.

Dann beschäftigen sich große Gruppen mit ihrer Selbstauflösung. Es geht nicht mehr um die komplexen Konflikte zwischen Deutschen und Juden, zwischen Christen und Muslimen, sondern darum, die eine Seite als das Unglück der anderen darzustellen. Vertreibung des Gegners aus dem eigenen Bereich und – wenn diese nicht möglich ist – seine physische Vernichtung erscheinen plötzlich als die einzige und eben deshalb auch als gerechte Lösung.

Das Schlagwort ist die erste Waffe des Terrors. Traumatisierte entfalten ihn, um ihre geistige Welt vor den Überforderungen einer offenen und toleranten Wahrnehmung zu schützen. Die Welt wird einfach geredet. Die Vergleiche verlieren ihre Metaphorik. Eine ganze, fremde Kultur ist *der Satan, unser Unglück, der Erbfeind.*

In einer Epoche der Globalisierung öffnen sich die Anforderungen an unsere Reizverarbeitung und die konkreten Möglichkeiten gleich einer Schere. Das Unbewusste sehnt sich dann nach Rettern, Siegern und Helden, die die Welt wieder und wieder gegen alle Wahrscheinlichkeit vor Superbösewichten oder Angreifern aus dem Weltraum retten.

Mir scheint, dass kein nachdenklicher Mensch heute die seelische Belastung durch eine Welt leugnen kann, die mit jedem Schritt unübersichtlicher wird, den wir erkennend in sie eindringen. Dieser Belastung standzuhalten, ihr nicht durch den Rückgriff auf Gewissheiten einer tradierten Offenbarung auszuweichen oder sie mit Schlagworten niederzuknüppeln, ist mühevoll. Dieses scheint keine gute Lösung und ist doch die beste, die wir haben.

Wer sich die forschende Haltung bewahren kann und daher allen Lösungsvorschlägen eine provisorische Qualität zuschreibt, ist sicher besser als der Rechtgläubige jedes Evangeliums davor geschützt, den Gefahren des explosiven Narzissmus zu widerstehen. Aber er muss sich mit der Einsicht auseinandersetzen, dass die Verführungskraft der Vereinfacher parallel mit der latenten Verletzung unserer Sicherheitsbedürfnisse durch eine stärker vernetzte und technisch wie organisatorisch immer reichere Welt zunimmt.

Besonders unheilvoll an den gegenwärtigen Problemen scheint die Verbindung von verletzter Sicherheit, Neid und explosivem Narzissmus. Ein Modell bieten die vielen Millionen von Vertriebenen und Flüchtlingen. Wer immer aus seiner Heimat vertrieben wurde, wird nicht nur in seiner, sondern auch in der Lebenszeit seiner Kinder und Enkel diese Verletzung spüren und günstige Umstände brauchen, um sie zu überwinden.

Er muss unendlich viel Neues verarbeiten und ist dazu schlechter fähig als die Menschen, denen dieses Schicksal erspart blieb. Kein Wunder, dass er sie um ihre Ruhe beneidet und ihrem Glück noch eine Gegenprojektion seines eigenen Unglücks hinzufügt: Sie haben alles, was ihm fehlt.

So ist es eigentlich eher staunenswert, wie friedfertig und dankbar viele Vertriebene sind, wie stark auch in ihnen die Gegenkräfte wirken, eine primitive narzisstische Gerechtigkeit dadurch herzustellen, dass sie jetzt anfangen, den Frieden aller zu zerstören: Sie selbst haben keine Zukunft, dann soll niemand eine haben; sie selbst kennen keine Sicherheit und keine Zufriedenheit, dann soll keiner mehr sicher und zufrieden sein.

Psychologische Forschung widerspricht auch dem naiven Konzept, das unter Heimatverlusten nicht leidet, wer seine Heimat aus eigenem Entschluss verlassen hat. Denn wirklich freiwillig ist dieser Entschluss doch selten. Er beruhte auf einer Spaltung, auf dem Glauben, das Gute der Heimat komme mit, auch wenn Armut und Unterdrückung hinter dem Migranten zurückbleiben. Noch stärker spüren die Kinder dieses Trauma. Auf ihnen lasten die Ängste der Eltern, die hoffen, dass ihre Kinder sie durch Erfolg, Glück und Zuversicht aufheitern. Diese aber ringen darum, ihren Platz zwischen den Kulturen zu finden und schwanken zwischen Assimilation und Rückkehr zu ihren Wurzeln.

Die Rachefantasie gehört zum Inventar der Kränkung. Je schwerer das Trauma, desto weniger ist es möglich, die Destruktivität dieser Fantasie zu erkennen. Sie erscheint gerecht, sie macht die Welt überschaubarer und einfacher, sie ebnet den Unterschied zwischen den Vertriebenen und den Beheimateten, indem sie auch den Beheimateten ihre Heimat zerstört. Dann sind alle wieder gleich, und aus den Trümmern entsteht eine neue Welt.

Politische und psychologische Analyse müssen sich ergänzen, wenn wir in unserem Verständnis der explosiven Bedrohungen weiterkommen wollen. Die sozial- und kulturgeschichtliche Untersuchung kann uns erklären, wie eine bestimmte Form von Rhetorik entsteht. Sie erläutert, warum junge Männer in einem Palästinenserlager oder einer Koranschule auf Java T-Shirts mit dem Portät Osama bin Ladens tragen und von sich behaupten, sie würden jederzeit in den Heiligen Krieg ziehen. Aber nur durch die psychologische Analyse wird man sich Antworten auf die Frage nähern können, ob und unter welchen Bedingungen aus solchen Worten Taten werden.

1.
Zur Geschichte
des
Terrorismus

Wie so viele soziale Neuerungen verdanken wir den Begriff des Terrorismus der Französischen Revolution. Ursprünglich, von seinem Begründer Robespierre, war das Regime des Terrors (régime de la terreur) der Jahre 1793 und 1794 positiv gemeint, als energische Wiederherstellung staatlicher Ordnung und Bekämpfung aller Feinde der bürgerlichen Revolution mit öffentlichen Tribunalen und Hinrichtungen durch die fortschrittliche Maschine der Guillotine (deren Erfinder, der Arzt Guillotin, durch seinen Beitrag zur Humanität zu Tode kam). Maximilien Robespierre verkündete, dass Terror Tugend sei, wenn er beabsichtige, Tugend auf kürzestem Weg herzustellen. Sein Terrorismus trug durchaus Züge, die wir bis in die Gegenwart finden: Er war organisiert, zielbewusst, eindrucksvoll, absolut rücksichtslos und rechthaberisch; indem sich Robespierre mit der absoluten Moral identifizierte, maßte er sich auch das Recht an, für eine nur ihm sichtbare Zukunft alle zu töten, die ihm im Weg standen.

Robespierres Regime spiegelt einen Zug, der dem Terror seither anhaftet: die Eskalation der Gewalt. Terror wird gesteigert, um die Einsicht abzuwehren, dass er nicht bewirkt, was von ihm erwartet wird. Immer mehr Menschen wurden als Verräter abgeschlachtet, bis Robespierre den Fehler beging, von einer neuen Liste von Todeskandidaten zu sprechen, ohne genau zu sagen, wen er meinte. Alle fühlten sich bedroht. Deshalb einigten sich Extremisten und Gemäßigte darauf, Robespierre und seine engsten Gefolgsleute hinzurichten.

Das Dynamit und die Rotationspresse

Heute ist Terrorismus ein negativ konnotierter Begriff. Terroristen vermeiden ihn, sie nennen sich politische Kämpfer. Ihre wichtigsten Vertreter im 19. Jahrhundert waren die Anarchisten. Jetzt gewinnt der Terror die Qualitäten des Events und der Explosion. Er wird inszeniert, um politisch aufzufallen, er verdankt diese Gestalt zwei Erfindungen: dem Dynamit, 1866 erfunden, und der Rotationspresse, die 1848 eingeführt und 1881 vervollkommnet wurde.

Wahrheit kostet zwei Cent die Kopie, Dynamit vierzig Cent das Pfund. Kaufe beide, lies die eine, nutze das andere! So erklärte das Anarchistenblatt *Wahrheit* (Truth) in San Francisco.[1]

Terrorismus ist *Propaganda der Tat*, ein Begriff, der dem italienischen Revolutionär und Kämpfer gegen die Bourbonenherrschaft, Carlo Pisacane, zugeschrieben wird. *Die Propaganda der Idee ist ein Gespenst*, sagte Pisacane; *Ideen gehen aus Taten hervor und nicht umgekehrt, das Volk wird nicht frei durch Bildung, sondern gebildet in der Freiheit.*[2]

Die Täter werden immer rücksichtsloser. Die wohl erste wichtige Organisation, die die Propaganda der Tat umsetzte, war der *Volkswille*, Narodnaya Volya, eine 1878 in Russland gegründete Gruppe, die vom Zaren eine Verfassung verlangte und angesichts der Apathie ihrer Zeitgenossen und der Macht despotischer Traditionen schließlich die Aufmerksamkeit durch Gewalttaten von jenem Typus herausforderte, die man später *anarchistisch* nannte.

Die Täter hatten Skrupel. Sie brachen beispielsweise das vorbereitetete Attentat ab, sobald sie sahen, dass ihr Ziel von Kindern begleitet wurde. Der größte Erfolg der Narodnaya Volya – der Mord an Zar Alexander am 1. März 1881 – durch vier voneinander unabhängig arbeitende, zum Äußersten entschlossene Männer führte auch zum Untergang der Gruppe. Ein Anarchist überlebte und verriet die Organisation.

Das Attentat selbst brachte, wie es bis heute gelungene Attentate tun, den Gruppen Zulauf. Sie versuchten, in London eine Art Internationale zu gründen, die auf Willensbekundungen beruhte und nicht straff organisiert war. Das hätte zum Konzept des Anarchismus nicht gepasst, machte ihn aber für die autoritären Polizeiapparate umso bedrohlicher und schwerer zu fassen.

Die nächsten prominenten Opfer waren Kaiserin Elisabeth von Österreich und der amerikanische Präsident William McKinley, der 1901 von dem Anarchisten Leon Czolgosz getötet wurde. Diese Tat an der Schwelle zum 20. Jahrhundert beleuchtet besonders nachdrücklich die intellektuelle und narzisstische Qualität des Terrors. Der Aufstieg des Präsidenten wurde durch die Entwicklung der modernen Massenpresse gefördert; während des Wahlkampfs druckten zwei Zeitungen – herausgegeben von Pulitzer und Hearst – zum ersten Mal Auflagen in Millionenhöhe.

Das bedeutete eine dramatische Veränderung der Kommunikationsmöglichkeiten und dessen, was wir heute Informationslandschaft nennen. Bei Aristoteles ist die Größe eines (Stadt)Staates durch die Reichweite der menschlichen Stimme bestimmt, die bei extrem günstiger Anordnung des Publikums (etwa in einem Amphitheater) höchstens von 20.000 Personen gehört werden kann. Diese Reichweite der einzelnen Stimme wird durch die Medien auf das Mehrtausendfache gesteigert. Die stürzenden Türme des World Trade Center haben sicher mehr als vier Milliarden Menschen gesehen.

Während die Redefreiheit für alle galt, half die Pressefreiheit vor allem dem Unternehmer, der ein Massenblatt gründete, und denen, die an seiner Macht und seinem Reichtum auf verschiedene Weise teilhaben konnten.

Leon Czolgosz erklärte seine Tat: *Ein Mann sollte nicht soviel Aufmerksamkeit für sich beanspruchen, während andere keine erhalten!* Im Anarchimus berühren sich die Extreme: *Keine Macht für niemand* weckt als Schatten *alle Macht für mich!* Luchini, der Mann, der Kaiserin Elisabeth erdolchte, sammelte Zeitungsausschnitte und wollte jemand töten, der wichtig war, um endlich die Aufmerksamkeit zu haben, auf die er nicht verzichten konnte.

Nationalismus und Terror

Massenmedien erzeugen Spracheinheiten; die latente Gewalt der so geschaffenen Nationen wird zu einem zentralen Thema des 19. Jahrhunderts und hat auch das 20. Jahrhundert geprägt, bis in die Exzesse des Faschismus.

Unter dem Druck dieser Entwicklungen gärte es seit dem 19. Jahrhundert in den Vielvölkerstaaten: in der Donaumonarchie und im osmanischen Reich. Überall gewannen *Freiheitskämpfer* an Einfluss. Auf vielen Bühnen wurden Stücke gespielt wie: *Vom Räuber zum Staatsmann! Vom Verräter zum Nationalhelden! Vom Terroristen zum Diplomaten!* Rechtsbrecher und Gewalttäter verwischten in den Geschichtsbüchern ihre blutigen Anfänge und richteten später mit energischer Gewalt über jene, die nichts anders getan hatten als sie selbst.

Selbst ausführliche Darstellungen der Geschichte des Terrorismus tun sich schwer, die Zahl der Legierungen aus aggressivem Nationalismus und anarchistischer Verschwörung aufzulisten, die im 19. Jahrhundert in den unterschiedlichsten

Staaten entstanden. Die meisten verschwanden spurlos, einige aber veränderten das Gesicht der Welt.

Eine dieser Gruppen, die *Jungbosnier*, löste den Ersten Weltkrieg durch das Attentat auf den österreichischen Thronfolger in Sarajewo aus. Man kann sagen, dass hier eine klassische Strategie des terroristischen Freiheitskampfes wie der Funke im Pulverfass wirkte.

Diese Strategie sieht so aus: Der *Unterdrücker* wird durch terroristische Aktionen bewogen, sein *wahres Gesicht* zu zeigen. Sein Gegenterror wird dann propagandistisch benutzt, um Verbündete zu gewinnen. In diesem Ringen geben verschiedene Faktoren den Ausschlag über Erfolg oder Scheitern in einer Auseinandersetzung, die schließlich auch zum Urteil der Geschichte führen, ob es sich um *kriminelle* Terroristen oder um *heroische* Freiheitskämpfer handelte.

Wenn es den Tätern gelingt, mächtige Verbündete in dritten Ländern zu gewinnen oder die eigene Bevölkerung geschlossen gegen einen Feind zu mobilisieren, der seine Macht aus der Zersplitterung und Uneinigkeit der Beherrschten gewann, haben sie gute Chancen. Wenn es dritten Ländern nicht opportun scheint, sie zu unterstützen, und die Gruppe, die gewonnen werden soll, durch die Aktionen eher irritiert und abgeschreckt wird, werden die Terroristen scheitern.

Von der Schlagkraft, Energie, heroischen Rücksichtslosigkeit der Gruppe selbst hängt einiges ab. Aber es ist eine törichte Fiktion, die zu unendlich viel sinnlosem Blutvergießen geführt hat und wohl noch führen wird, davon auszugehen, dass es radikaler Wille und persönlicher Todesmut sind, die aus dem verachteten Terroristen den glänzenden Freiheitshelden machen.

Die Bombe im King-David-Hotel

Bis in die jüngste Zeit war der Anschlag am 22. Juli 1946 auf das King David-Hotel in Jerusalem, bei dem 91 Menschen getötet und 45 verwundet wurden – Engländer, Araber und Juden, Männer, Frauen und Kinder – einer der blutigsten, der je von Terroristen verübt wurde. Die Bombe im Erdgeschoss des Südflügels, in dem die britischen Militärbehörden zwei Etagen gemietet hatten, wurde von der Irgun gezündet, einer Organisation, die damals von einem späteren Ministerpräsidenten Israels, Menachem Begin, geleitet wurde.

Begin hatte damals schon ein bewegtes Leben hinter sich. Er war 1913 in Brest-Litowsk (in Polen) geboren, wurde Mitglied in einer zionistischen Jugendgruppe und studierte in Warschau Recht. Als er 1935 sein Studium abschloss, hatte er eine führende Stellung im polnischen Zionismus. 1939 überfielen die Deutschen Polen und besetzten es; Begin floh nach Litauen.

Ein Jahr später verhaftete ihn die sowjetische Polizei. Begin wurde als Agent des britischen Imperialismus wegen seiner zionistischen Kontakte zu acht Jahren Haft in Sibirien verurteilt. Als 1941 Hitler Russland angriff, wurden die inhaftierten Polen vor die Wahl gestellt, statt der Haft in Sibirien in die polnische Exilarmee einzutreten. Begins Einheit wurde nach Palästina transportiert; damals waren Zionisten, Briten und Sowjets Verbündete gegen Hitler, dessen Feldmarschall Rommel die britischen Kolonien am südlichen Mittelmeer bedrohte.

Die Irgun war in ihrem Kampf gegen die Briten und für die zionistische Einwanderung in eine Krise geraten, seit der gemeinsame Kampf gegen Hitler Aktionen gegen die Briten verbot. 1943 übernahm Begin das Kommando der Gruppe und machte sie zu einer Organisation, die als Stadtguerilla operieren sollte. Ihr Ziel war es, das Prestige der britischen Besatzer zu schwächen.

Der Anschlag erreichte sein politisches Ziel. Die Aufmerksamkeit der Welt richtete sich auf Palästina, die Besatzungsmacht wusste sich nicht anders zu helfen als durch Straßensperren, ständige Haussuchungen, zusätzliche Sicherheitsmaßnahmen, mehr Personal und mehr Kosten für Polizisten und Militärs. Mit all diesen Mitteln gelang es aber nicht, die Terrorkampagne der Irgun zu stoppen; im Gegenteil, die Schwäche der Briten wurde immer deutlicher. Die Störungen in der Bewegungsfreiheit der Bürger machten die Regierung bei allen unbeliebt und vermittelten auch der Mehrheit der Juden, die gegen die Untergrundbewegung war, den Eindruck, dass die Besatzer sie mehr unterdrückten als beschützten.

Begin kalkulierte ein, dass sich die Briten – anders als die Deutschen, die während des Krieges mit barbarischen Vergeltungsschlägen gegen die Zivilbevölkerung vorgegangen waren – im großen Ganzen an ihre eigenen Gesetze halten würden. Jede Besatzungsmacht lebt vom Mythos ihrer Unverwundbarkeit. Dieser war nach dem Zweiten Weltkrieg bei den bisher dominierenden Kolonialmächten England und Frankreich gebrochen.

Die von Begin in der Irgun entwickelte Strategie wurde zum klassischen Modell der antikolonialistischen Kämpfe. Wem es gelingt, eine Besatzungsmacht herauszufordern, die durch Rechtssicherheit eine Kolonie wirtschaftlich nutzen will und auf Terror nicht mit stärkerem Terror reagiert, der wird auf Dauer die Bevölkerung polarisieren und eine vorwiegend rational und ökonomisch orientierte Kolonialmacht zum Rückzug zwingen. Es gelang der Irgun, das Prestige Großbritanniens in Palästina zu schwächen.[3]

Voraussetzung war der Rückhalt der Terroristen in Amerika und ihre Fähigkeit, die internationale Presse immer wieder einzubinden. Den Indianern Nordamerikas ist das in ihrem Kampf gegen die immer wieder vertragsbrüchige Regierung der Vereinigten Staaten ebensowenig gelungen wie den Armeniern in ihrem Kampf gegen die türkischen Besatzer. Das terroristische Spiel wird nur unter günstigen Umständen gewonnen, oft führt es in eine Spirale von Gewalt, die nur Verlierer zurücklässt. Die Lebensbedingungen werden durch den Terrorismus verschlechtert. Wenn sich ein Volk ungeschickter Terroristen nicht rechtzeitig entledigt, kann das böse enden.

Was die von der Irgun und Menachem Begin geschaffene Szene angeht, so wäre sie weniger berichtenswert, wenn sie nicht so manchen gegenwärtigen Situationen – etwa in Afghanistan und im Irak, aber auch in Palästina – gleichen würde. In einem Brief an seine Regierung in Washington hat 1947 der amerikanische Generalkonsul die bemitleidenswerte Lage der Briten geschildert, die in ständiger Angst hinter Straßensperren und Stacheldrahtverhau versuchten, sich in *Sicherheitszonen* zu halten. Er schließt: *Man kann die Schlussfolgerung nicht vermeiden, dass die Regierung von Palästina eine gejagte Körperschaft ist, die wenig Aussicht hat, mit den Bedingungen in diesem Lande, wie sie heute sind, jemals fertig zu werden.*[4]

Terrorismus, Pathologie und Kriminalität

Alex P. Schmid und seine Mitarbeiter haben in einer öfter zitierten Liste die bestimmenden Elemente aus 101 Terrorismus-Definitionen gesammelt und aufgelistet. Am häufigsten (85,7 %) werden *Gewalt* und *Zwang* genannt, gefolgt von *po-*

litisch (65 %), *Furcht und Schrecken* (51 %), *Drohung* (47,9 %), *Regelverletzung und Rücksichtslosigkeit* (30 %) und *Publizitätsaspekten* (21,5 %).[5]

Wenn ein Mensch den Eindruck hat, dass ihm Unrecht geschieht, dann werden Wut- und Racheimpulse in ihm geweckt. Kain hat in dieser Situation seinen Bruder Abel erschlagen. Diese Reaktion ist uns einfühlbar – Gott zog Abel vor, Kain sühnte diese Kränkung. Die Szene bildet ein Urmodell des Terrorismus ab: Anlass der Tat ist eine Handlung *Gottes*, ihr *Opfer* aber ist der eigentlich schuldlose Abel. Die Terrortat enthält eine Botschaft (du darfst mein Opfer nicht ablehnen und das eines anderen vorziehen). Sie setzt sich, um diese Botschaft deutlich zu machen, über kulturelle Normen der Geschwisterliebe und der Schonung des Lebens eines Mitmenschen hinweg.

Jede terroristische Aktion im engeren Sinn ist insofern regressiv, als sie einen bereits erreichten Stand der Auseinandersetzung wieder auflöst und die eigene Rechthaberei über die Struktur des Rechtsstaates setzt. Ohne dieses grundlegende Merkmal ist es nicht sinnvoll, von Terrorismus zu sprechen. Er ist regressiv legitimierte und inszenierte Gewalt, *Theater*, wie es Brian M. Jenkins 1974 formuliert hat.[6]

Angesichts der enormen sozialen Unterschiede zwischen Einzeltätern und in einer Gruppe agierenden Kämpfern, zwischen Mitläufern und politischem Kopf, zwischen abenteuerlustigem Jugendlichen und fanatisiertem Politiker ist es kaum möglich, eine *Terroristenpersönlichkeit* zu finden. Daher neigen die Terrorismusforscher dazu, die psychische Disposition eher zu ignorieren und Terrorismus als *eine Art Beruf* anzusprechen.

Doch wird durch diesen Einwand nicht nur die konventionelle psychologische Perspektive abgewiesen. Er ignoriert auch die Beobachtungen, dass *Beruf* keine rationale, sondern eine unbewusst motivierte Kategorie ist. Berufswahl und berufliche Karriere können durchaus zum Forschungsgegenstand der Psychologie werden.

Dabei sind die von den Berufstätigen selbst angegebenen Motive zu hinterfragen. Sie klammern alle Aspekte aus, die die Legitimität oder Geltung des Berufs in Frage stellen könnten. Hinter diesen rechtfertigend vorgetragenen Motiven finden sich andere, die für ein Verständnis der Situation wesentlicher sind.

Erste Schritte in dieser Richtung liegen speziell für die helfenden Berufe vor.[7] Die Anarchisten der Narodnaya Volya hatten keine Hemmungen, sich selbst als Terroristen zu beschreiben. Die so genannte *Sternbande* (Lehi = Lohamei Herut Yisrael, gegründet von Abraham Stern), die in den 40er-Jahren neben der Irgun gegen das britische Protektorat kämpfte, war die letzte Gruppe, deren Mitglieder sich selbst als Terroristen und nicht als Freiheitskämpfer oder Gotteskrieger bezeichneten.

Seither ist Terrorist eine feindselige Zuschreibung von außen geworden. Die Täter benennen sich nicht mehr nach ihren Methoden, sondern nach ihren Zielen. Carlos Marighela, dessen Handbuch der Stadtguerilla diese Entwicklung zusammenfasst, befürwortet terroristische Aktionen, schreibt aber alles Ehrenrührige an dieser Bezeichnung dem Gegner zu: *In Brasilien als Aggressor oder Terrorist bezeichnet zu werden bedeutet heute für jeden Bürger eine Ehre, denn es heißt, dass er mit der Waffe in der Hand gegen die Ungeheuerlichkeit der gegenwärtigen Diktatur und die Leiden, die sie verursacht, kämpft.*[8]

Bruce Hoffmann hat in seiner historischen Übersicht[9] behauptet, dass Terroristen – anders als revolutionäre Politiker oder Kriminelle – besonders viel Anstrengung darauf verwenden, sich selbst zu verleugnen und als schuldlose Opfer dar-

23

zustellen, die durch äußere Gewalt gezwungen wurden, sich mit allen Mitteln zu verteidigen. Wer die Verteidigungsreden von Persönlichkeitsstörungen gehört hat, wird darin nichts Besonderes mehr erkennen.

Fast alle (Gewalt)Verbrecher stellen sich selbst als Opfer dar, die nur deshalb zum Äußersten gehen, weil ihnen ein übermächtiger Gegner keine andere Wahl lässt. In ihren Analysen der Nazi-Rhetorik hat Gudrun Brockhaus nachgewiesen, wie stark das Opfer-Pathos und die Selbstdarstellung als Verfolgte von den Sprechern der Hitler-Partei selbst nach ihrem Sieg und der *Gleichschaltung* aller Gegner gepflegt wurde. Längst im Besitz einer unangefochtenen Machtfülle liebten es Hitler und seine Paladine nach wie vor, sich selbst als Opfer von Verfolgung darzustellen, die notgedrungen zum Gewaltexzess greifen.[10]

In ihrer Neigung zur beschönigenden Rhetorik und zur Rechtfertigung des tätigen Gesetzesbruchs mit dem Erlittenen unterscheiden sich Terroristen nicht von anderen Menschen, die etwas Auffälliges tun und unbedingt wollen, dass ihre Umwelt diese Taten für gut und notwendig hält. Das erste Opfer in jedem Krieg ist die Wahrheit.

Die narzisstische Regression stellt immer einen geistigen Zustand her, in dem nur die eigenen Argumente zählen. Daher ist es kaum möglich, mit Terroristen zu argumentieren. Sie haben immer Recht. Wenn im Koran steht, dass Selbstmord verboten ist, ist es eben eine *heilige Sprengung*, wenn ein 18-Jähriger auf ein Attentat vorbereitet wird.

Wer seine eigene Position absolut setzt, macht entscheidende historische Schritte wieder rückgängig. Seit den Diskussionen in der UNO nach dem Attentat während der Olympiade von 1972 in München ist deutlich geworden, dass es über diese Frage keine Weltmeinung gibt.

Damals tötete der *Schwarze September*, eine Organisation palästinensischer Terroristen, zwei israelische Athleten und nahm neun als Geiseln, um gefangene Terroristen freizupressen. Während einer dilettantischen Befreiungsaktion durch die bayerische Polizei kamen alle weiteren Geiseln und fünf Terroristen ums Leben.

Diese Aktion gilt vielfach als die Geburtsstunde des internationalen Terrorismus. Sie war ein ungeheuerer publizistischer Erfolg. Die Terroristen erreichten keines ihrer taktischen Ziele, kein Gefangener kam frei. Aber die ganze Welt wusste von der mörderischen Entschlossenheit der Palästinenser. Anderthalb Jahre später wurde Jassir Arafat eingeladen, vor der Vollversammlung der UN zu sprechen.

In der UN-Debatte nach dem Anschlag war es nicht möglich, zu einer Resolution zu kommen, die den Terrorismus verurteilte. Es blieb bei einer Vertiefung des Dilemmas, dass dem Sympathisanten ein Freiheitskämpfer ist, wer dem Gegner als Terrorist erscheint. Sobald Kurt Waldheim, der damalige Generalsekretär, die UNO aus der Rolle des stummen Zuschauers terroristischer Taten herausführen und praktische Schritte erarbeiten wollte, brachte eine Gruppe arabischer Staaten, unterstützt durch afrikanische und asiatische Länder, ein Minderheitenvotum vor, das Gewaltanwendung im Befreiungskampf unterdrückter Völker ausdrücklich befürwortete.

Alle Unterdrücker würden Freiheitsbewegungen als Terroristen abstempeln; ein UNO-Votum würde nur die Macht der Starken über die Schwachen, der Etablierten über die Erniedrigten festschreiben. Die UNO, sagte etwa der stellvertretende Delegierte der Volksrepublik China, dürfe nicht den unterdrückten Völkern die einzig wirksame Waffe gegen *Imperialismus, Kolonialismus, Neokolonialismus, Rassismus und israelischen Zionismus* nehmen. Relevant sei nicht die Gewalt, sondern ihre Ursachen – die Erniedrigung, das Elend, die Enttäuschung, das Leid und die Verzweiflung der Unterdrückten.

Seither hat sich die Situation in zwei Richtungen entwickelt: Die offene Unterstützung von Terrorismus durch anerkannte Regierungen ist geschwunden. Solche offiziellen Stellungnahmen haben wir nach den Anschlägen des 11. September 2001 nicht mehr gehört. Auf der anderen Seite werden terroristische Aktionen häufiger und blutiger. Die Täter scheinen in Konkurrenz zu treten, wem denn nun der spektakulärste Anschlag gelingt.

Während eine erschütterte Welt hofft, mit dem Einsturz der Twin Towers sei das Ärgste überstanden, legt die immense Reaktion auf diese selbstmörderische Tat den narzisstisch Gestörten nahe, eine noch mächtigere Explosion zu planen.

Es wird von der Führung einer terroristischen Organisation abhängen, wie viel Anziehungskraft sie für persönlichkeitsgestörte Personen entfaltet. In jedem Fall wird diese Organisation größten Wert darauf legen, Anomalien zu verschleiern und ihre Mitglieder vom Verdacht einer psychischen Störung freizusprechen. Die Medien folgen häufig dieser Linie.

In der Vorphase ihrer eigenen Entwicklung zur Terroristin hat Ulrike Meinhof ausdrücklich festgestellt, dass eine Kaufhausbrandstiftung deshalb ein revolutionärer Akt sei, weil sie kriminell ist. Kriminelle waren in den Augen der deutschen Terroristen eine sich selbst verborgene Elite, die den bewaffneten Kampf gegen ein Unterdrückungssystem bereits führten, als linke Gruppen sich noch in sinnlosen Debatten erschöpften.

Der Terrorist ist prinzipiell ein Altruist – diese Aussage von Hoffmann[11] muss differenziert werden. *Egoismus* und *Altruismus* sind Begriffe der Alltagssprache und in den meisten

Fällen subjektive Zuschreibungen, die eine soziale Perspektive ausdrücken. *Ich hätte nie gedacht, dass du so egoistisch bist,* sagt z. B. der verlassene Liebhaber.

Das naive psychologische Modell von Egoismus und Altruismus versagt, sobald wir extreme menschliche Reaktionen verstehen wollen. Denn beide Begriffe erfassen die narzisstische Dimension nicht, in denen ein Mensch nicht ich –, sondern selbstbezogen handelt. Er ist mit etwas verschmolzen, das größer ist als sein bewusstes Ich. Das bedeutet aber keineswegs, dass er sich einfühlend oder vernünftig auf ein Du bezieht, wie wir das von altruistischem Handeln erwarten.

Wer narzisstisch motiviert ist, kann größten Wert auf den *Anschein* legen, einer Sache oder einer anderen Person zu dienen, aber er *trennt* nicht von dieser Sache oder dieser Person und sich selbst. Die narzisstisch gestörte Mutter glaubt, sich auf das Schicksal ihrer Kinder zu beziehen, wenn sie diese in einem erweiterten Suizid mit in den Tod nimmt.

Der Terrorist glaubt ebenso, einer guten Sache zu dienen und eine Gruppe zu repräsentieren, der er helfen will. Er möchte eine Position durchsetzen, die bisher nicht genügend respektiert wird. Seine Sache ist wichtiger als er. Aber da er von dieser Sache in seinem Erleben nicht getrennt ist, ist es auch falsch, ihn mit einem uneigennützigen Menschen zu vergleichen. Er ist eher ein Mensch, auf den sich beide Kategorien – die des Egoismus und des Altruismus – nicht sinnvoll anwenden lassen. Denn diese Kategorien funktionieren dann, wenn sich vernünftige Menschen in einem Rechtssystem bewegen, in dem sie ihre egoistischen Interessen durchsetzen oder aus Liebe zu einem Mitmenschen auf diese Durchsetzung verzichten können.

Der Terrorist hingegen kennt kein Rechtssystem im Sinn der modernen Auffassung, sondern nur von ihm selbst oder seinen Führern für absolut gesetzte Werte, die sich über alle anderen Gesetze hinwegsetzen und ihn ebenso total legitimieren, wie sie seine Feinde ihrer Menschenrechte berauben. Der Terrorist ist das in die Welt entlassene, in ihr agierende, in sie hinein explodierende Größenselbst.

Strukturverlust und Durchschlagskraft

Ein Minderheitsanliegen zu vertreten, macht noch keinen Terroristen. Wohl aber kann jemand, der sich für ein Minderheitsanliegen engagiert, den Terroristen besser verstehen. Er weiß, was es bedeutet, sich in einer Position als Außenseiter zu fühlen und zu empfinden, dass eine gleichgültige, selbstzufriedene Mehrheit nicht im Geringsten von dem angerührt wird, was ihm auf den Nägeln brennt.

Terroristen sind im Grund nicht schwer zu verstehen. Die Unverständlichkeitsbeteuerungen in vielen Kommentaren zu Terrortaten hängen damit zusammen, dass alle Menschen einige Anstrengung darauf verwenden müssen, ihre Größenvorstellungen zu zähmen. Sich zu sehr in einen Terroristen (oder auch in einen Verbrecher) einzufühlen, gefährdet die eigene Abwehr, verwischt die Grenze zwischen Maß und Übermaß. Wem es gelungen ist, seine Grandiosität zu reflektieren und zu zähmen, der kann wie Thomas Mann gelassen von *Bruder Hitler* sprechen oder nachdenklich wie Goethe gestehen, dass er zu jedem Verbrechen fähig sei.

Was einen Terroristen von Menschen mit radikalen oder extremen Überzeugungen unterscheidet, ist seine Bereitschaft, Gewalt anzuwenden und Menschen zu verletzen, ja zu töten, die nicht unmittelbar für die von ihm für unerträglich gehaltene Situation verantwortlich sind. Die Bereitschaft unter Einsatz seines Lebens für seine Ideale zu kämpfen, erlebt der Terrorist als *Progression*, nicht als *Regression*, als *Steigerung* seiner Persönlichkeit, nicht als ihren *Abbau* durch das Zurücksinken in eine Primitivpsyche. Er geht weiter, er ist stärker, radikaler als normale Vertreter seiner politischen oder religiösen Überzeugung.

Ein Schritt zum Verständnis des Terrorismus ist dann vollzogen, wenn deutlich geworden ist, dass es sich um eine *Pseudoprogression* handelt, die eine Regression verbirgt. Gewalt ist deshalb so faszinierend, weil sie so schnell wirksam ist. Im Lauf der kulturellen Entwicklung ist jedoch klar geworden, dass die menschlichen Gewaltpotenziale nicht gut sind. Sie müssen überwacht werden. Die Übel des menschlichen Zusammenlebens, die sich aus unserer Gewaltneigung ergeben, können am besten durch einen sozialen Prozess gezügelt werden, den wir die Gewaltenteilung nennen.

Wer Gewalt anwenden will, darf es nicht spontan aus seiner Wut heraus tun, sondern er muss sich an Regeln halten. Eine der ältesten Regeln ist das Gesetz *Auge um Auge, Zahn um Zahn*. Es schreibt vor, den Gegner nicht radikaler zu beschädigen, als er mich beschädigt hat – ihm also nicht das Leben zu nehmen, weil er mir einen Zahn ausgeschlagen hat, sondern ihm nur einen Zahn auszuschlagen.

Der Terrorist gibt diese Differenzierungen auf. Er orientiert sich an einem Faustrecht, das unsere Welt in ein Chaos verwandeln würde, wenn sich alle an ihm orientieren würden. Insofern ist der Terrorist kein Altruist, sondern *das Opfer einer narzisstischen Regression mit einem altruistischen Selbstmissverständnis*. Dazu kommt in den letzten 50 Jahren ein immer engerer Zusammenhang zwischen Terrorismus und Selbstzerstörung: Es geht vielen Tätern subjektiv nicht mehr darum, ein politisches Ziel zu erreichen. Sie suchen die persönliche

Erlösung in einem legitimierten Suizid, um sich von quälenden Gefühlen einer Sinnlosigkeit der eigenen Existenz zu befreien.

Die narzisstische Regression ist eine Gefährdung unserer seelischen Struktur, von der wahrscheinlich kein Mensch verschont bleibt, wenn seine Lebensumstände belastend genug werden. In dieser Regression werden schrittweise höhere menschliche Fähigkeiten, wie die Bereitschaft, sich in andere Positionen als die eigene einzufühlen und sie potenziell als gleichwertig zu erkennen, durch primitivere Haltungen ersetzt. Diese laufen darauf hinaus, alle Wahrheit bereits zu besitzen und dank dieser grandiosen Überlegenheit auch das Recht zu haben, sich rücksichtslos über die Bedürfnisse anderer Menschen und die Gesetze des Zusammenlebens in einer entwickelten Gesellschaft hinwegzusetzen. Der Terrorist ist Richter und Henker, Ankläger und Geschworener in Personalunion.

Wer narzisstisch regrediert ist, kann beträchtliche Überzeugungskraft entfalten, weil er die Welt mit heftigen Affekten spaltet und nur das ganz Gute und das abgrundtief Böse kennt. So wird allen Personen in seiner Umgebung schnell klar, dass sie es mit einem Menschen zu tun haben, der im Konfliktfall aufs Äußerste gehen muss.

Er wird die Beziehung abbrechen und sich mit allen ihm verfügbaren Mitteln rächen, wenn sein Anspruch nicht erfüllt wird. Das macht ihn, wenn er begabt ist, zur charismatischen Zuflucht für alle Menschen, die sich unbewusst nach einer starken Elterngestalt sehnen. Diese glauben, in der Identifizierung mit ihm so stark zu werden, wie er ihnen scheint.

Ohne die Hintergründe dieser sozialen Dynamik zu erkennen, hat sie der deutsche Psychiater Ernst Kretschmer doch beschrieben. 1919, lange vor dem Anbruch des Dritten Reiches, sagte er in einer Vorlesung über Psychopathen: *In ruhigen Zeiten diagnostizieren wir sie; in unruhigen regieren sie uns!*

Das Modell der narzisstischen Persönlichkeitsstörung unterscheidet sich vom klassischen Begriff der Psychopathie dadurch, dass es nicht eine unerklärliche, manchmal als genetische Abartigkeit bestimmte Deformation der Persönlichkeit zum Inhalt hat, sondern einen *Regressions*prozess beschreibt.

In diesem gewinnen Strukturelemente die Oberhand, die an sich allen Menschen gemeinsam sind, die aber in einer normalen Entwicklung überformt und gemildert werden. Demnach steckt in jedem Menschen ein terroristischer Kern, der in der Regel von einer Schutzschicht umgeben wird, unter bestimmten Umständen aber bloßgelegt werden kann und dann seine unheilvolle Wirkung ausübt.

2.
Selbstmordterror
als
narzisstische Geste
junger Männer

Steven Smyrek

Es ist uns eine Ehre,
in den Tod zu gehen.

Steven Smyrek

Im August 1999 wurde der deutsche Staatsbürger Steven Smyrek von dem Bezirksgericht in Tel Aviv wegen Unterstützung der radikal-islamischen Hisbollah zu zehn Jahren Haft verurteilt. Er hatte gestanden, einen Selbstmordanschlag in Israel zu planen. Die Anklage hatte lebenslängliche Haft gefordert. Die Anwältin Smyreks, Ronit Robinson, kündigte Berufung gegen das Urteil an. Auch Smyreks Mutter, Karin Wood, nannte das Strafmaß viel zu hoch.

In ihm brodelt ein riesiger Judenhass. Er bereut nicht, was er tun wollte, sondern würde es wieder tun, sagte einer der drei Richter. Nur der Effektivität der Geheimdienste habe man es zu verdanken, dass ein Anschlag Smyreks verhindert worden sei. Die von der Verteidigung beschriebene schwere Kindheit Smyreks interessierte das Gericht nicht: *Er wollte doch unsere Kinder ermorden.*

Der 1994 zum Islam übergetretene Deutsche war Ende 1997 bei der Einreise nach Israel festgenommen worden. Bei ihm waren eine Kamera und Landkarten sichergestellt worden. Smyrek gestand in einem ersten Verhör (und widerrief später), er habe für die Hisbollah belebte Plätze in Israel fotografieren wollen, die sich für einen Anschlag eigneten.

Seit 1999 saß Smyrek in einem Hochsicherheitsgefängnis. Es wurde still um ihn; die Ereignisse um den 11. September 2001 übertönten sein Schicksal. Seit Beginn des Jahres 2004 lebt er als freier Mann in Deutschland. Die Hisbollah hatte ihn auf eine Liste der Häftlinge gesetzt, die durch Vermittlung des deutschen Geheimdienstes ausgetauscht wurden. Wer so viel Aufmerksamkeit gefunden hat wie Smyrek, ist als Täter für terroristische Operationen wertlos.

Steven Smyrek teilt ein Merkmal mit den meisten Terroristen, über die wir biografische Daten haben. Es gibt in seiner Kindheit keine stabile und positive Beziehung zu einem väterlichen Vorbild. Seine Eltern trennten sich früh, die Mutter heiratete später einen britischen Soldaten, der seinen Stiefsohn prügelte und in ein Internat abschob. Der junge Mann fand sich nach seiner Bundeswehrzeit mit dem Leben außerhalb der Kaserne nicht zurecht und wurde drogenabhängig.

Nach einigen Jahren wurde er von der Polizei aufgegriffen und wechselte die Rolle. Er sagte als Kronzeuge gegen seine Hintermänner aus. So erhielt er eine milde Strafe und suchte nach einer neuen Lösung für seine Unsicherheit. Er konvertierte 1994 zum Islam und wurde, wie alle Neubekehrten, besonders fanatisch. Der Ex-Junkie trennte sich von einem türkischen Freund, weil dieser an seinem Kiosk Alkohol verkaufte. Er ließ sich nur noch mit seinem arabischen Namen anreden.

Nach einem Bericht in *Der Spiegel* waren Smyrek selbst die Anhänger des Islamistenführers Kaplan zu gemäßigt. In dem folgenden Jahr steigerte Smyrek seine Ruhelosigkeit zu der

Idee, sich dem bewaffneten Kampf gegen Israel anzuschließen. Die Vision des Selbstmordattentats wurde für ihn zum ultimativen Kick, zum Beweis, dass er ein wahrhaft Gläubiger ist – und gleichzeitig zu einem Weg, alle quälenden Selbstzweifel und alle eigene Kränkbarkeit auszulöschen.

Schließlich gelang es ihm, einen Kontakt zur schiitischen Hisbollah im Libanon zu knüpfen und seine neuen Freunde zu überzeugen, ihn als Kundschafter in Israel einzusetzen. Ob tatsächlich geplant war, ihn als Selbstmordattentäter zu rekrutieren, wie Smyrek selbst behauptet, oder ob seine Mutter Recht hat, die das alles für Aufschneiderei ihres Sohnes hält, ist nicht mehr zu klären.

Steven Smyrek zeigt die enge psychodynamische Verwandtschaft zwischen Drogenabhängigkeit und terroristischer Identität. Wir wissen auch von den Terroristen der RAF, dass sie bedenkenlos Drogen konsumiert haben. Der typische Opiatabhängige war früher ein kriegstraumatisierter Soldat, der körperliche und seelische Schmerzen betäubte; heute ist es ein Jugendlicher aus einem zerbrochenen Elternhaus, der seine Selbstgefühlsstörungen mit Hilfe von Drogen kompensiert. Der typische Terrorist war früher ein erwachsener Mann, der nach einer Reihe von Erfahrungen im politischen Kampf zu diesem letzten Mittel griff. Heute ist es ein Jugendlicher oder junger Erwachsener, der eine narzisstische Krise durch eine religiöse Konversion zu bewältigen sucht.

Cüneyt Ciftci

Ich bin bereit für meinen Tod. Wir wissen, wenn ich
diesen Knopf drücke, erfüllt mich das ewige Leben im Paradies.
Das ist eine Chance. Dort werde ich, so Gott will,
die Jungfrauen treffen, die Bekannten des Propheten,
die Märtyrer und die Gefolgsleute des Propheten.
So Gott will werden wir ins Paradies einziehen
und unsere Feinde in die Hölle.

Cüneyt Ciftci

Das Video, aus dem dieser Text stammt, ist professionell gemacht. Kurz vor der Explosion wird die Tele-Optik auf Weit-
winkel gestellt, um die Druckwelle und die Staubwolke der Explosion in ihrem ganzen Umfang zu sehen. Vorher hat die
Kamera den Weg eines mit sprengstoffgefüllten Säcken belade-
nen Toyota-Pickup zu einem amerikanischen Militärstützpunkt
verfolgt, sie hat gezeigt, wie ein ganzer Strang von Zündkabeln
mit Isolierband zusammengehalten und in die Fahrerkabine
geführt wird und hat den selig lächelnden Fahrer erklären lassen, er werde bald als Märtyrer im Paradies sein.

Wer die Sekunden zwischen dem Erscheinen der Rauch-
wolke und dem Krachen der Explosion zählt, findet heraus,
dass die Kameraleute rund 2.000 Meter von ihrem Kameraden
entfernt waren, dessen Tod sie preisen.

Was veranlasst einen 28-jährigen Familienvater, der in Deutschland geboren wurde und in einem Lager der Firma Bosch in
Ansbach arbeitete, auf diese Weise seinem Leben ein Ende zu
setzen? Cüneyt Ciftci scheint nicht in die klassischen Täterpro-
file von Selbstmordterroristen zu passen, die keine festen Bindungen haben und eine Adoleszenzkrise bewältigen. Aber die

nähere Betrachtung des Täters und seiner Familie zeigt doch den engen Zusammenhang von Entwicklungskrise und Verführbarkeit für diese moderne Form des erweiterten Suizids.

Cüneyt wurde am 14.07.1979 in Freising/Oberbayern geboren. Seine Eltern waren bereits in den 60er-Jahren eingewandert; die Familie zog nach Ansbach, als Cüneyt noch sehr klein war. Dort besuchte er die Grund- und Hauptschule. Sein Vater gehörte zu den Gründungsmitgliedern der islamistischen Organisation Milli Görüs in Ansbach. Cüneyt Ciftci wurde streng erzogen und in jungen Jahren des Öfteren von seinem Vater verprügelt. Wichtiger als ein qualifizierter Abschluss war dem Vater die islamische Schulung. Er schickte seinen Sohn im Alter von zwölf Jahren auf eine Koranschule mit Internat in der Türkei.

Solche Erziehungsmaßnahmen zeigen den Druck, der auf Migranten lastet. Der Umgang mit den Kindern ist nicht souverän und von Einfühlung getragen, sondern perfektionistisch, Wertvorstellungen unterworfen, deren Inhalt und Sinn für ein Kind nicht fassbar sind und es traumatisieren. Die Eltern sind kein ruhender Pol, sondern eine Quelle von Störung und Unsicherheit; das Kind spürt Spannungen und Ängste, würde gerne etwas tun, um die Eltern zu entlasten – nur was? Es erwirbt keine angemessene Regulierung seiner triebhaften Wünsche und der Zyklen von Leistung und Erholung. Es wird ruhelos, potenziell (auto)destruktiv.

Nach seiner Rückkehr begann der 15-Jährige eine Lehre als Maurer, die er nicht abschloss. Er kam 1998 als Lagerarbeiter bei der Firma Bosch in Ansbach unter, wo auch der Vater arbeitete. Als er 18 Jahre alt war, schenkte ihm der Vater einen tiefergelegten Mercedes mit Ledersitzen, den der Führerschein-Neuling bereits beim ersten Ausflug in den Graben setzte – Totalschaden.

Darin lässt sich etwas wie eine indirekte Rebellion gegen den kontrollierenden Vater sehen. Cüneyt verliebt sich in Seda, eine Frau aus einer liberalen, westlich orientierten Familie, in den Augen seines strenggläubigen Vaters eine nicht standesgemäße Beziehung. Schon während der Hochzeitsfeier gibt es Streit zwischen den Familien, weil sie nicht den islamistischen Vorstellungen des Vaters entspricht. Die nächsten Jahre führen Cüneyt und Seda ein westliches Leben. Sie trägt kein Kopftuch, beide gehen aus, tanzen, was nicht zu den Traditionen des Vaters passt.

Cüneyt hat die Autorität gewechselt, ohne wirklich selbstständig zu werden. Jetzt schliddert der unsichere junge Mann in eine seelische Krise vom Typus des Autonomie-Abhängigkeits-Konflikts. Er braucht Sedas ungeteilte Zuwendung, verliert sie aber durch die Geburt der Söhne. Beide haben sich Kinder gewünscht, sehen darin ein Zeichen, wie gut sie sich verstehen und wie viel Halt sie aneinander haben. Und doch verändern die Kinder die bisherige Beziehung von Cüneyt und Seda vollständig. Solche Brüche in einer bisher einfühlbaren Entwicklung nach der Geburt von Kindern sind für individualisierte Beziehungen typisch.

Die meisten Menschen sind überrascht, wenn sie die Belastung einer Liebesbeziehung durch ein Kind beobachten oder im eigenen Erleben zur Kenntnis nehmen müssen. Nur in einer bäuerlich oder handwerklich bestimmten Vergangenheit stabilisierte die Ankunft der Erben die Ehe. In den individualisierten Beziehungen der Moderne treibt die Geburt eines Kindes die Scheidungsstatistik auf den Gipfel.

Die gute Beziehung zweier belastbarer Personen kann mit Mühe Kurs halten. Die vorher von unausgesprochenen Wünschen und hoher Rücksichtnahme auf die Kränkbarkeit des Partners gekittete Partnerschaft geht zu Bruch.

Wir können rekonstruieren, dass sich Cüneyt verlassen und beraubt fühlte, seit er nicht mehr im Zentrum von Sedas Aufmerksamkeit und Liebe stand, wie damals, als er im Alter von zwölf Jahren von seinem Vater aus seiner vertrauten Umgebung herausgerissen und in das türkische Internat gesteckt wurde. Er kann sich seine Eifersucht und die Verunsicherung seines Selbstgefühls nicht eingestehen. In seiner Depression sucht er Anlehnung und Halt in der Moschee. Er sucht rastlos nach radikalen Formen seines Glaubens, nur diese genügen seinen Ansprüchen. So baut er die manische Abwehr auf, die in dem Video deutlich wird. Dort ist Cüneyt wie befreit, er schwärmt von seinem Plan, von seinem Opfer im Kampf, er wirkt wie ein Berauschter, der sich endlich von allem befreit hat, was bisher auf ihm lastete.[12]

Cüneyt verliert den inneren Kontakt und die Bindung an seine Frau. In dem Abschiedsvideo wird seine zärtliche Kameradschaft zu den anderen Kämpfern deutlich. Kein Wort des Bedauerns, keine Geste erinnert daran, dass er seine einst geliebte Frau mit zwei Kleinkindern und einem Säugling verlassen hat.

Die spezifische Art der Kontaktaufnahme zu den anderen Glaubenskämpfern und die Umarmungen des Abschieds machen eine latente Homoerotik deutlich. Der männliche Kamerad spiegelt das eigene Selbst; er verunsichert es nicht. Er fordert nicht, sich in Fremdes einzufühlen, wie es die Wünsche einer Frau, die Ansprüche von Kindern tun.

Ein Baby reißt die unsichtbaren, symbiotischen Bindungen eines Partners an sich, der das schwache Selbstgefühl eines narzisstisch belasteten Menschen gefestigt hat. Was die Eltern sich bisher an eigenen, unausgesprochenen kindlichen Bedürfnissen nach Bewunderung und Liebe schenkten, was ihre Beziehung zusammenhielt und gegen den Tadel der Außenwelt festigte, geht jetzt verloren. Das Baby braucht alles für sich und mehr.

Es verwundert nicht, wenn überlastete Mütter einige Monate nach der Geburt ihren Männern zu sagen beginnen, sie bräuchten jetzt endlich *einen Vater* als Partner und *kein zweites Kind*.

Manche Männer werden in dieser Situation körperlich krank, einige gehen fremd, um sich ihre Männlichkeit zu bestätigen; andere fangen an zu trinken. Wenn sie medizinische Hilfe suchen, werden sie mit Antidepressiva und mit Psychotherapie behandelt.

Ein türkischer Mann mit einem Migrationshintergrund tut sich nicht nur sehr schwer, sich diese Krise einzugestehen und sich die Verunsicherung seiner Männlichkeit bewusst zu machen. Es bieten sich ihm auch Möglichkeiten, Traditionen aufzugreifen, die von der unerschütterlichen Überlegenheit des Mannes über die Frau ausgehen.

So geht der junge Vater wieder öfter in die Moschee und lässt sich den Bart wachsen. Als seine Schwiegermutter besorgt danach fragt, redet er noch von einer Hautkrankheit. Bald soll auch seine Frau ein Kopftuch tragen. Die Schwiegermutter ist nicht mehr erwünscht, weil sie nicht gläubig genug ist. Nach der Tat wird bekannt, dass Cüneyt Ciftci Kontakt zu jenen islamistischen Gruppen hatte, die mit dem Terroranschlag von Djerba und den Bombenbauern der so genannten Sauerland-Gruppe verbunden werden.

Am 1. April 2007 kündigt Cüneyt seine Stelle, meldet sich im Rathaus ab und reist mit seiner Familie über die Türkei in das pakistanische Grenzgebiet. Dort trennt er sich von seiner Frau, die inzwischen ein drittes Kind geboren hat. Am 6. März 2008 meldet die Islamische Jihad Union (IJU) im Internet, dass Cüneyt Ciftci, alias *Saad Ebu Furkan*, einen großartigen Anschlag verübt habe, *ein tapferer Türke, der aus Deutschland kam und sein Luxusleben gegen das Paradies eintauschte.* Die Zahl der Opfer gibt die Jihad Union mit 60 an. (Die Amerikaner korrigieren: Vier Tote, viele Verwundete.)

Die Sauerland-Gruppe

Die Gesellschaften des Westens haben wenig konstruktive Möglichkeiten gefunden, mit den unreifen und großspurigen »Möchtegern-Kriegern« der europäischen Dschihad-Gruppen umzugehen. Sie behandeln sie in einer Weise, die das Übel verschlimmert. Wie schnell und blind sich eine verletzende Fahndungshysterie auch angesichts gänzlich harmloser junger Männer durchsetzen kann, zeigt ein Großeinsatz von mehr als 1.500 Polizisten im August 2005 in Hamburg.

Diese von allen örtlichen Medien mit Balkenzeilen kommentierte und bisher umfangreichste Terrorfahndung in Hamburg war durch die Denunziation eines Wichtigtuers ausgelöst worden. Dieser kam aufgeregt zu einem Polizisten. Ihm seien drei junge Männer verdächtig. Sie hätten muslimisch ausgesehen. Einer trug einen Rucksack, ein anderer habe auf Arabisch gesagt: *Egal, was morgen passiert, wir werden Helden vor Allah sein!*

Es wurde nicht geprüft, ob der Zeuge tatsächlich des Arabischen mächtig war. Dass er die Sprache *nicht* beherrschte, klärten die Verantwortlichen im Polizeipräsidium erst, als die Fahndung lief und Bilder der Gesuchten in allen Medien waren.

Jüngst ist eine Wochenzeitung dem Ereignis nachgegangen. Sie hat recherchiert, wie traumatisch sich dieses Ereignis auf das Leben von drei unschuldigen Tschetschenen ausgewirkt hat, die einem Freund beim Gärtnern geholfen hatten und zum Dank einen mit Gemüse gefüllten Rucksack nach Hause trugen.

Bisher hat sich bei ihnen kein Offizieller dafür entschuldigt hat, dass sie an den Pranger gestellt, wie hochgefährliche Kriminelle verhaftet, erkennungsdienstlich behandelt und erst nach vielen Stunden Todesangst wieder freigelassen wurden.[13]

Nach der dramatischen Verhaftung der so genannten Sauerland-Gruppe wurde den drei Angeklagten Fritz Gelowicz, Daniel Schneider und Adem Yilmaz vorgeworfen, Sprengstoffterror in deutschen Großstädten sowie in der US-Airbase Ramstein in der Pfalz geplant zu haben. Es ist unklar, ob die kriminelle Fantasie der Täter von Agenten der Geheimdienste stimuliert wurde. Ihr offensichtlicher Dilettantismus lässt sie (ähnlich Steven Smyrek) wie kleine Fische wirken, die in einem Netz von übermächtigen Verfolgern zappeln.

Alle drei Männer waren nach den Angaben der Polizei 2006 in *Terrorcamps* der Dschihad-Union in Pakistan. Sie wurden seither observiert und von Agenten verschiedener Geheimdienste konspirativ begleitet, die als islamistische Brüder auftraten und mit ihnen zusammenlebten, die ihnen Zünder verkauften, aber auch heimlich die Chemikalien zur Sprengstoffherstellung durch unbrauchbare ersetzten.

Stellen wir uns vor, dass drei Junkies fässerweise Rohstoffe kaufen, um eine Droge zu mixen, die großen Schaden anrichten könnte. Es kann ihnen aber gar nicht gelingen, das Mittel auf den Markt zu bringen, weil längst verdeckte Fahnder alle ihre Aktionen überwachen.

In diesem Fall würde ein Strafverteidiger mildernde Umstände geltend machen, auf die emotionalen Störungen der Täter hinweisen und ein Gericht dazu bewegen, dass die Täter unter einer Therapieauflage Bewährung erhalten. Eine solche gelassene Reaktion, die Vorsatz erst einmal als Vorsatz behandelt, erwarten wir angesichts der islamistischen Terroristen vergeblich.

Ein aufgeregter Umgang, der Drohung mit Tat verwechselt, ignoriert die Erfahrung, dass Drohungen sehr viel mehr und etwas ganz anderes sind als der erste Schritt zu einer Aktion. Auch Vorbereitungen sagen nicht, dass aus einer Fantasie Wirklichkeit wird; sie signalisieren allenfalls, dass der Täter als *jemand wahrgenommen werden will, der es ernst meint* – ein Merkmal aller Drohungen. Im Umgang mit Kindern und in Liebesbeziehungen ist es vertraut, dass Drohungen ernst genommen werden sollen, *nicht* weil ihnen unbedingt Taten folgen, sondern weil sie *Ängste und innere Nöte ausdrücken*.

Ein Umgang mit den Islamisten, der nicht zwischen Drohung und Manifestation unterscheidet, bestärkt diese in ihrer Selbstdeutung als Märtyrer auf wichtiger Mission. Im Zusammenhang mit der Sauerland-Gruppe lassen sich die gesellschaftlichen Veränderungen seit 2001 fassen. Ein junger Mann, der zum Islam übertritt oder nach Pakistan reist, kann ziemlich sicher sein, dass sein Telefon abgehört und sein Internetanschluss angezapft wird. Und vielleicht wird er in einem *Ausbildungslager* trainiert, das von einem Geheimdienst infiltriert ist.[14]

Wie in der rechtsextremen Szene verschwimmen auch unter Islamisten die Grenzen zwischen Agenten und Akteuren. Es geht um sehr viel Geld und sehr viel Aufmerksamkeit; das lockt Parasiten aller Art. Der Überläufer Ikrom Yakubov, ein früherer Geheimdienstoffizier, erklärte glaubhaft[15], die *Islamische Jihad Union* sei vom usbekischen Geheimdienst ins Leben gerufen worden. Der berüchtigte usbekische Diktator Karimov habe so sein Vorgehen gegen die eigene Bevölkerung rechtfertigen und sich als Partner in der Anti-Terror-Koalition empfehlen wollen. *Die Terrororganisation IJU ist … schon früh von Geheimdiensten und der Polizei unterwandert worden. So fand die Lieferung von 26 militärischen Zündern an die so genannte Sauerland-Gruppe um Fritz Gelowicz im August 2007 unter den Augen der CIA und eines türkischen Geheimdienstes statt.*[16]

Es wäre eine gar zu perfide Idee, dass der Geheimdienst eines mit der NATO verbündeten, aber weit vom Rechtsstaat entfernten Regimes in Europa nach naiven Fanatikern sucht, die indirekt dafür sorgen, dass die deutschen Gelder weiterhin nach Usbekistan fließen und ein Diktator unentbehrlich bleibt, weil eben Deutschland am Hindukusch verteidigt werden muss. Ausschließen lässt sich diese Variante leider nicht. Die Täter sind Marionetten in einem Spiel, das wir gegenwärtig nicht durchschauen.

Fritz Gelowicz und Daniel Schneider hatten nach der Scheidung ihrer Eltern den emotionalen Halt in ihrem Herkunftsmilieu verloren. Jedes Kind ängstigt die Trennung von Vater und Mutter. Sie löst Fantasien aus, dass bald auch das Kind verlassen werden wird. Oft fühlen sich die Kinder schuldig. Sie glauben, dass es an ihnen liegt, wenn sich die Eltern trennen müssen.

Fritz Gelowicz war als 15-Jähriger ein typischer Kandidat für eine sozialtherapeutische Intervention: scheidungsgeschädigt, drogengefährdet, schlechte Schulnoten, Alkoholexzesse. Er stabilisierte sich, als er über muslimische Mitschüler in Kontakt zu türkischen Familien kam. In diesem Umfeld fiel er Fanatikern in die Hände und fand allmählich zu einer inneren Möglichkeit, gleichzeitig die fiktive Dankesschuld an den rettenden Glauben zu begleichen und seine narzisstische Wut zu agieren.[17]

Die in seinen Augen gottlose, verdorbene, von Egoismus, sexuellen Gelüsten und Ausbeutung geprägte Gesellschaft des Westens, die den wahren Glauben ignoriert und die Muslime nicht so ehrt, wie sie es verdienen, wurde das Ziel vernichtender Hassfantasien, in denen sich Gelowicz ausmalte, mit einem sprengstoffgefüllten LKW in eine Menschenmenge zu fahren und dort die Explosion zu zünden.

Eric Breininger, ein 1987 in Neunkirchen (Saarland) geborener Deutscher, konvertierte 2007 und gilt gegenwärtig (Herbst 2008) als der vierte Kämpfer der Sauerland-Gruppe. Er wird nach einem martialischen Video im Internet mit internationalem Haftbefehl gesucht.

Es gibt vermutlich keine andere Möglichkeit, so schnell so viel Aufmerksamkeit zu gewinnen, wie als 20-Jähriger zum Islam zu konvertieren, mit anderen Extremisten Kontakt aufzunehmen, über Ägypten in ein Trainingslager in Pakistan zu reisen und dort eine Videobotschaft aufzuzeichnen, deren Kameramann vielleicht auf der Soldliste eines Geheimdienstes steht.

Der junge Deutsche ruft zum Dschihad auf und fordert alle Gläubigen auf, entweder selbst in den Krieg zu ziehen oder den Kampf durch Geldspenden zu unterstützen. Da der junge Saarländer ohne Gesichtsmaske vor die Kamera tritt, munkeln die Experten, dass er es ernst meint mit dem Selbstmordattentat. Breinigers Schwester dazu: *Er wollte nie jemand sein, der hinten ansteht!*[18]

In dem Interview mit Breiningers Schwester wird wieder ein ehrgeiziger Junge erkennbar, extrem kränkbar, ein krasser Schulversager trotz guter Intelligenz, immer auf der Suche nach einem männlichen Vorbild, das er in Daniel Schneider (einem Mitglied der Sauerland-Gruppe) zu finden glaubt. Er lebt mit dem Vater-Ersatz einige Monate zusammen. Irgendwann kommt ein Mann zu Besuch, bleibt einige Wochen, betet mit, plant mit. Er ist ein verdeckter Ermittler.

Eine ruhelose Suche

Unersättliche Suche wird manchmal als *faustische* Qualität dem modernen Menschen schlechthin zugeschrieben. Psychologisch gesehen handelt es sich um die manische Abwehr einer Depression. In Goethes Drama rationalisiert der Held diese Depression. Sie rühre daher, dass sich die Geheimnisse der Welt seinem Wissensdrang nicht erschließen. Aber darüber verzweifelt nur ein Mensch, der es sich in der Realität nicht bequem machen kann, weil ihm normale Mittel fehlen, Kränkungen zu verarbeiten.

Diese Qualitäten der rastlosen, unerfüllten Suche charakterisieren auch den Terroristen. Gegenwärtig zeichnen sich in Europa zwei Täter-Typen ab:

a) Konvertiten, die auf Grund einer erheblich gestörten Vaterbeziehung neuen Halt in einer von diesen väterlichen Werten möglichst weit entfernten Religion suchen.

b) Migranten, die auf Grund einer persönlichen Krise in ihrer Lebensbewältigung eine schon aufgegebene oder doch mit großer Distanz erlebte Glaubenslehre neu beleben.

Während für Steven Smyrek die Fixierung an den Gedanken, seinen neuen Glauben durch eine Selbstmordaktion zu beweisen, in keiner Kindheits- oder Jugenderfahrung vorgezeichnet ist, scheinen Täter aus Migrantenfamilien auf den Glauben ihrer Väter zurückzugreifen. Aber das gilt nur für eine sehr oberflächliche Betrachtung, denn Eltern, die ihr Kind fromm erziehen, wollen in der Regel einen frommen Sohn, der sie ehrt, keinen terroristischen Kämpfer, der seine Familie im Stich lässt.

Die islamistische Karriere entspricht dem Versuch, den Glauben der Eltern latent aggressiv auf der Über-Ich-Seite zu überholen. Das tut in harmloser Form auch der katholische Jugendliche, der seine bigotten Eltern drangsaliert, indem er jeden Tag in die Frühmesse geht und sie zwingt, weit früher aufzustehen, als es ihnen lieb ist. Die Kinder entdecken in ihrer Adolezenz den Glauben als Mittel, sich zu individualisieren und von den Eltern abzugrenzen, indem sie deren Vorgaben übersteigern. Sie suchen so, innere Spannungen abzubauen. Diese können mit Widersprüchen der eigenen Situation zwischen unterschiedlichen Kulturen zusammenhängen.

Die Todessehnsucht des Terroristen lässt sich in eine Reihe von Störungen einreihen, für die der Suchtbegriff teils schon wie selbstverständlich verwendet (wie Arbeitssucht, Sexualsucht), teils erst diskutiert wird. Eine solche Begriffswahl ist problematisch, weil Übertreibungen sozial hoch geschätzter Merkmale anders zu bewerten sind als Entgleisungen des Luststrebens. Gemeinsam ist der Verlust der Fähigkeit, schädliche Einseitigkeiten zu begrenzen.

Es ist gut, körperlich fit zu sein und täglich zu trainieren – aber es ist nicht gut, einer Fitness-Sucht zu verfallen und mit einer Depression in Behandlung zu kommen, weil bereits im Alter von 25 Jahren schwere Schäden in überlasteten Gelenken das bisher jede freie Stunde füllende Training stoppen.

Ein wichtiges Merkmal, um unterschiedliche Formen der abhängigen Entgleisung zu beschreiben, ist der Blick auf die *manische Komponente* der Sucht. Nicht manisch geprägte Süchtige schämen sich einer sozial verpönten Aktivität (wie des Alkoholismus) und würden gerne aufhören, wenn sie könnten. Manisch geprägte Süchtige übersteigern sozial anerkannte Merkmale. Wer von einer Fitnesssucht geplagt ist, schämt sich eher, wenn er *aufhören* soll und würde seine Anstrengungen gerne steigern. Dschihad ist das arabische Wort für *Anstrengung im Glauben*; die Übersetzung mit *heiliger Krieg* engt die Bedeutung ein.

Die Überlieferung aller Völker ist reich an Heldentaten, in denen der Held zum Retter wurde, weil er sein Wohlergehen opferte, sich in die Speere der Feinde warf,[19] die Hand im Feuer verbrannte,[20] todesmutig ins Sperrfeuer lief oder als Pilot sein Flugzeug zur Bombe machte.

Zur Zivilgesellschaft und zum Rechtsstaat passen solche Helden nicht, so wenig wie zu einer professionell orientierten Arbeitswelt. Dort geht es darum, eine *Balance* zwischen Anstrengung und Erholung zu finden, genau das, wofür sich Faust dem Teufel überantworten würde.

Religionen, die in die Zivilgesellschaft passen, kennen diesen Gegensatz von (frommer) Bemühung und Erholung. Die Arbeitswoche mit dem freien Wochenende beruht auf solchen Traditionen. Den Fanatiker bedroht die Tendenz, es sich im Glauben bequem zu machen. Sie widerspricht seiner manischen Abwehr. Er kann solche Entspannung nicht dulden und wendet sich von entsprechenden Haltungen ab, wie das Beispiel von Smyrek und vielen anderen lehrt. Die meisten Attentäter des 11. September waren Frischbekehrte, die vorher ein weltliches Leben geführt hatten. Das gilt in gewisser Weise auch für Osama bin Laden, der vor seiner Bekehrung zum Islamismus durch die Nachtclubs von Beirut zog und sich nicht um den Koran scherte.

Vom drop out zum zap out

Die antiautoritäre Bewegung der Jugend in den 60er-Jahren hat die nach dem Zweiten Weltkrieg erstarrten Industriegesellschaften des Westens modernisiert und die Individualisierung in ihnen vorangetrieben. Sie hat auch neue Probleme eingeleitet, die es in dieser Ausprägung unter *Jugendlichen* vorher nicht gab: *Terror* und *Drogen*. Die terroristische Bereitschaft, zum Äußersten zu gehen, sich selbst und andere zu verletzen, wird in der Drogensucht vorbereitet

An die Stelle des *drop out*, das als Folge der chemischen Bewusstseinsveränderung versprochen wurde, tritt gegenwärtig ein aggressives *zap out*. Die betroffenen Jugendlichen und jungen Erwachsenen erleben sich unter einer derart unerträglichen inneren Spannung, dass sie jede Lösung dieser Spannung akzeptieren, auch die selbstschädigende, ja selbstvernichtende.

Zap ist internationale Umgangssprache und wird heute von den meisten Menschen als das Hantieren mit der Fernbedienung verstanden, um von einem TV-Kanal in einen anderen zu kommen. Wer im Lexikon nach der Wortbedeutung von *zapping* sucht, findet *abknallen, (eine Kugel, einen Schlag) verpassen, fertigmachen*.

In Fantasien von künstlichen Paradiesen werden Drogen konsumiert, um schöne Rauschzustände zu erleben. Im Lebensalltag des Konsumenten sieht die Sache anders aus. Er braucht das Gift, um einen seelischen Schmerz zu betäuben. Da durch diese Strategie seine Fähigkeit abnimmt, Kränkungen zu ertragen, braucht er die Droge öfter und in höherer Dosis. Er muss immer rücksichtsloser werden, sie zu beschaffen.

Seelisch Traumatisierte brauchen häufig Betäubungsmittel, um ihre Ängste und ihre gesteigerte Kränkbarkeit zu bewältigen. Wenn uns auf einer Party ein Unbekannter an unseren verletzlichen Stellen trifft und beleidigt, dann können wir ziemlich sicher sein, dass wir einem Alkoholiker oder einem anderen Süchtigen begegnet sind. Er hat sich einen *Spaß* daraus gemacht, uns seine Überlegenheit über Vorstellungen von Rücksicht und Höflichkeit fühlen zu lassen.

Warum neigen Süchtige dazu, sich an Nichtsüchtigen zu rächen, sie auszunützen und zu kränken? Sie sind chronisch wütend, dass diese *Spießer* ohne die beschämende Krücke auskommen, die sie benötigen. Das geschwächte Selbstgefühl muss gerade jene entwerten, deren Bestätigung es bräuchte, um sich selbst zu festigen. Es muss sich dünkelhaft über jene erheben, nach deren Anerkennung es hungert. Es muss die verachten, die es insgeheim bewundert.

Die Praxis des Süchtigen, sich im Rausch empfindungslos und pseudosouverän zu machen, war schon immer dicht an Todessehnsucht angesiedelt. Das Auslöschen des Selbst wird zum Schutz vor Kränkungen.

Der Trostgedanke, sich jederzeit umbringen zu können und sich auf diese Weise schmerzfrei zu machen, lässt sich bei vielen Menschen finden. Er wird meist durch die Lust am Leben und die Neugier auf die Zukunft in Schach gehalten. Aber diese Balance ist labil.

Die Konsumgesellschaft überzeugt uns, dass es ein menschliches Grundrecht auf Bequemlichkeit gibt. Damit sinkt die durchschnittliche Fähigkeit, Kränkungen zu ertragen. Wir müssen uns nur vorstellen, welche seelische Strukturbildung durch eine Stunde körperlicher Arbeit möglich wird, verglichen mit der seelischen Stukturbildung nach einer Stunde *Zapping* – d. h. einer Situation, in der wir durch Knopfdruck (hoffentlich) schönere, befriedigendere Bilder herbeizaubern können.

In der Arbeit lernen wir, dass sich die Realität langsam und mit geduldiger Anstrengung verändern lässt; im Zapping erwarten wir, dass wir nach dem richtigen Knopfdruck ein besseres Betäubungsmittel erhalten.

Wenn wir uns nicht scheuen, diesen Überlegungen konsequent zu folgen, dann müssen wir auch zugestehen, dass das

Selbstmordattentat eine sehr verführerische Szene enthält. Es bietet die Möglichkeit, leicht und bequem in den Zustand des Nicht-Seins überzutreten, ein vom Scheitern ehrgeiziger Wünsche, von mangelnder Anerkennung behelligtes Leben in einer einzigen Tat zu erheben und – indem es ausgelöscht wird – jenseits aller Kränkbarkeit zu vollenden.

Selbstmordterror und Traditionsverlust

Kinder tun ungerne etwas, das ihnen körperlich schwer fällt, Schmerzen bereitet und nicht konkrete Vorteile bringt. Jugendliche suchen Ideale und sind bereit, für sie zu kämpfen, zu leiden, sogar zu sterben. Sie suchen nach eindeutigen Feinden und eindeutigen Hoffnungen. Wenn sich ein Jugendlicher entschlossen hat, sein Selbstgefühl auf den Kampf gegen eine verachtete Macht zu gründen, werden ihn moralische Rhetorik und Verfolgung bestärken, da sie seine Bedeutung erhöhen.

Sobald wir akzeptieren, dass es sich beim Selbstmordterror – ähnlich wie bei der Drogensucht Jugendlicher – um eine *moderne* Störung handelt, nicht um den Einbruch rückständiger Traditionen in die Moderne, wird auch klar, weshalb Europa als Nährboden solcher Täter erkennbar wird. Je mehr Kränkungen Menschen verarbeiten müssen, desto verführerischer wird es für sie, alle Leiden und Spannungen des Lebens auszulöschen. Während die Droge nur eine vorübergehende und beschämende Lösung anbietet, verspricht der Suizid Freiheit von allen Schmerzen. Im Fall der religiösen Fanatisierung obendrein ewigen Ruhm und Teilhabe am Paradies.

Vielleicht sollten wir anfangen, uns nicht zu wundern, dass Selbstmordattentate um sich greifen, sondern uns freuen, dass es trotz Kränkung und Elend so mächtige Gegenkräfte gibt. Das gilt übrigens ganz ähnlich für die Drogensucht. Als in den siebziger Jahren die Zahlen der Drogentoten unter den Jugendlichen jedes Jahr wuchsen und die Welle auf immer neue Länder übergriff, fehlte es nicht an Prophezeiungen, die das Wachstum hochrechneten und im Jahr 2050 eine süchtige Mehrheit unter den jungen Menschen prognostizierten.

In dem Glauben der Selbstmordbomber an ewigen Ruhm und paradiesische Erfüllung verfilzen sich Paradiestradition und Medienwelt. Weil das zu allem entschlossene Ego sich selbst geopfert, den radikalsten Schritt getan hat, triumphiert es über alle Bedenken und Schuldgefühle. Den Attentäter, der seine Tat überlebt, werden die Bilder der Opfer verfolgen. Der Selbstmordattentäter aber hat sich einen Vorsprung gesichert, den niemand einholen kann.

Wenn uns gegenwärtig die Drogenabhängigkeit Jugendlicher nicht mehr in Panik versetzt, liegt das daran, dass wir uns an dieses Phänomen gewöhnt haben. Niemand malt mehr Drogenwirkungen in schillernden Farben und verführt durch grandiose Erwartungen. Das ist alles längst bekannt und vertraut. Es hat sich herausgestellt, dass die pessimistischen Prognosen von einer ständigen, rasanten Zunahme so wenig zutreffen wie die martialischen Ankündigungen eines Sieges im Kampf gegen die Drogen.

Selbstmordattentate werden immer erheblich seltener sein als Drogensucht. Wer sie bekämpfen möchte, muss aber einiges akzeptieren, was wir aus dem Umgang mit der Drogensucht gelernt haben:

a) Es ist wichtig, die Täter nicht zu dämonisieren und ihre Tat als einzigartig, weltbewegend, ungeheuerlich zu beschreiben – gerade das fasziniert die Nachahmer.

b) Wer auf Grund des Missbrauchs geheiligter Texte den Islam als Religion verteufelt, arbeitet den Inszenierungen der Täter zu.

c) Jeder potenzielle Täter *misstraut* auch einer eigenen, egoistischen Willkür, sich über die natürlichen Grenzen der eigenen Existenz hinwegzusetzen. Je vielfältiger und positiver sich seine Visionen über seine Zukunft gestalten, desto zögernder wird er sich zur Selbstauflösung entscheiden.

d) Die Vorstellung, dass ein in der selbstmörderischen Explosion aufgelöstes Selbst in einer anderen (besseren) Form weiterexistiert, muss nicht nur rational, sondern auch bildhaft kritisiert werden, durch literarische Darstellungen, Kunstwerke, Filme.

e) Es ist naiv, zwischen *verführten* Opfern und mafiösen *Verführern* im Hintergrund differenzieren zu wollen. Das Problem liegt darin, dass beide Gruppen dieselben Werte teilen und sich umso enger zusammenschließen, je weniger die Umwelt bereit ist, mit ihnen zu verhandeln.

Ein türkischer Arbeiter, der von seinem Ersparten ein Haus in Anatolien baut und dort seine Rente beziehen will, hat kein Interesse am Djihad. Aber sein Sohn, der sich weder in der Türkei noch in Deutschland beheimatet fühlt, ist gefährdet. Je mehr er in eine Außenseiterrolle gerät und in einem Zustand chronisch unterdrückter Kränkungswut leben muss, desto gefährlicher wird in ihm die Neigung, alle mäßigenden Traditionen seiner Religion aufzugeben, ohne sich für den demokratischen Rechtsstaat begeistern zu können.

Er fühlt sich nur dann entlastet, wenn es einen eindeutigen Feind gibt, gegen den er eine sonst unerträgliche aggressive Spannung richten kann.

Diese Situation wird umso gefährlicher, je weniger es gelingt, die gemäßigten Islamisten und die Muslime einzubinden. Wo immer Demokratien schweigen und zusehen, wenn rechtsstaatliche Prinzipien gegenüber einer islamischen Bevölkerung missachtet werden, fördern sie auch die Bereitschaft der gemäßigten Muslime, radikale Tendenzen gutzuheißen.

Es scheint mir bequem und gefährlich, der Denkfigur vom Selbstmordterror als einem Problem der islamischen *Religion* zu folgen. Dieser Terror ist eine Folge der Globalisierung und der mit ihr verknüpften Heimatlosigkeit. Je weniger wir hier gegensteuern und uns bemühen, die interkulturelle Aufgabe anzupacken, desto schneller und radikaler werden sich bösartige Entwicklungen in der Psyche der Heimatlosen vollziehen. Der Westen trägt eine Mitverantwortung. Je genauer er sie wahrnimmt, desto mehr wird er auch zu Hilfe und Heilung beitragen.

Seit dem Attentat auf die Twin Towers am 11. September 2001 wurde in den westlichen Gesellschaften viel Geld investiert, um todesbereite Gruppierungen früh zu finden und ihre Mitglieder zu verhaften. Je peinlicher dabei auf rechtsstaatliche Regeln geachtet wird, desto besser sind die Chancen, die narzisstische Verführung junger Menschen zu einer Karriere als Terrorist einzudämmen.

Wer Gesetze bricht, muss verfolgt und bestraft werden. Je spektakulärer und emotional aufwühlender ein Delikt, desto mehr wächst die Gefahr, dass der Grundsatz der Verhältnismäßigkeit verlassen wird. Dann lassen sich staatliche Organe von der narzisstischen Störung anstecken.

Verdächtig ist die Beteuerung, Terroristen seien *ganz gewöhnliche* Kriminelle. In Wahrheit sind Terroristen *ungewöhnliche* Kriminelle. Sie müssen mit allem Schutz behandelt werden, den der Rechtsstaat denen gewährt, die seine Regeln verletzen. Sie müssen die Chance erhalten, ihr Unrecht einzusehen, sich zu resozialisieren. Wir müssen konsequent versuchen, sie als Partner auf einem gemeinsamen Weg zu gewinnen, der sie zurück in die Zivilgesellschaft führt.

Nur wenn der Staat souverän reagiert, gewinnt er die moralische Kraft, die Strukturen des Terrorismus aufzulösen. Wer auch immer die Todessehnsucht junger Menschen für seine politischen Ziele einsetzt, muss bestraft werden. Aber er hat das Recht auf einen Prozess. Ich sage absichtlich nicht *fairen* Prozess. Auch dies ist eine verräterische Beteuerung. *Jeder* Prozess muss Regeln gehorchen, sonst ist er ein Akt der Tyrannei.

Mit vielen Rückschlägen und Ungereimtheiten haben die europäischen Länder Strategien entwickelt, um destruktive Entwicklungen unter den jungen Erwachsenen einzudämmen. Angesichts der Drogenabhängigkeit wurden therapeutische Konzepte erarbeitet, die in enger Zusammenarbeit mit den Gerichten funktionieren und einer großen Zahl von Betroffenen in vielen kleinen und oft mühsam erarbeiteten Schritten den Weg in die Selbstzerstörung ersparen.

Ähnliches gilt für die Jugendsekten. Es reicht hier nicht zu verbieten und zu bestrafen; man muss Alternativen anbieten, ein sekten- oder drogenfreies Freizeitverhalten aufbauen, einen neuen Freundeskreis, eine neue berufliche Perspektive, eine Glaubensform, die die missbrauchten Wünsche konstruktiver erfüllt.

Das nächste Kapitel soll helfen, die Persönlichkeit und die Traumatisierungen junger, vom Selbstmordterror verführter Menschen besser zu verstehen.

3.
Die Kränkungsverarbeitung und ihre Störungen

Primär haben wir an unser Leben die schlichte Erwartung, dass es nach unseren Wünschen verläuft. Wir glauben, dass wir als Baby zu trinken bekommen, wenn wir durstig sind, dass unsere Eltern, später unsere Liebsten unser Selbstbewusstsein aufbauen, die Umwelt Sicherheit spendet. Neben dieser Hoffnung hat uns die Natur mit einer begrenzten Kapazität ausgerüstet, Störungen zu verarbeiten, die auf allen Ebenen des Organismus unvermeidlich sind. Überall gibt es einen Normalzustand, eine Abweichung von ihm, die sich sozusagen mit den vorhandenen Mitteln regulieren lässt, und die Gefahr einer Verletzung, die die vorhandenen Regulatoren überfordert und das System sprengt.

Kinder können die Irritationen durch die Wirklichkeit nicht ohne einen einfühlenden Erwachsenen verarbeiten. Hunger und Durst erschüttern den Organismus des Säuglings extrem und unentrinnbar; er kann nichts tun, um seine Not zu stillen. Auch im erwachsenen Leben braucht jedes Individuum den Spiegel des Anderen, um die für den Einzelnen kaum lösbare Aufgabe zu bewältigen, eine in der Fantasie entworfene Wertewelt mit der Realität in Übereinstimmung zu bringen.

Nehmen wir das typische Abendgespräch eines Paares: Der Mann erzählt von seiner Arbeit, von dem Kollegen, der sich als Konkurrent entpuppt. Die Frau erzählt von ihrer Arbeit, von ihrer Kollegin mit der Diagnose Brustkrebs. Beide versuchen durch Zuhören die Betroffenheit des Anderen zu teilen, ohne doch selbst direkt betroffen zu sein. Ziel des Gesprächs ist, die Störung in die Normalität zu integrieren, die Last gemeinsam zu tragen, dass es im Leben niemals glattgeht und wir jeden Tag mit Botschaften konfrontiert sind, die uns auf der Fantasieebene oder aber auch bereits in der Realität bedrohen.

Solche Gespräche entlasten, weil sie Ebenen der Realität und der Fantasie trennen. Dadurch lässt sich eine Gefahr eingrenzen. Die Frau wird von ihrem Partner überzeugt, dass dank ihres glücklichen Sexuallebens oder weil sie ihre Kinder – anders als die Freundin – gestillt hat, keine Krebsgefahr besteht. Der Mann glaubt ihr, dass sein bösartiger Rivale keine Chance hat, die Hochschätzung zu gefährden, die ihm von Seiten des Chefs gehört.

Die narzisstische Krise, die sich im explosiven Narzissmus zu ihrem Extrem steigert, wird von der *Schnelligkeit* geprägt, mit der das Individuum auf Kränkungen antworten zu müssen glaubt. Der jähe Wutausbruch, die entwertende Beschimpfung wird im Alltag meist mit Phrasen gerechtfertigt, die ihn sozusagen als allgemeinmenschliche Reaktion ausgeben, die in diesem Fall leider nur *zu rasch* erfolgt sei. Dem prügelnden Ehemann ist *die Hand ausgerutscht*, dem entwertenden Chef *der Gaul durchgegangen*, die tellerwerfende Ehefrau ist *temperamentvoll*.

Gelingende Kränkungsverarbeitung

Frau A. kommt abends erschöpft von einem langen Arbeitstag nach Hause. Ihre erwachsene Tochter B. hat vor einigen Wochen das Abitur bestanden und geht jetzt die Zeit bis zum Beginn des Studiums fast jede Nacht tanzen. Sie schläft dann lange, steht irgendwann auf, kocht sich eine kleine Mahlzeit und ist schon wieder mit ihren Freundinnen unterwegs, sobald die Mutter nach Hause kommt. Der Vater ist vor fünf Jahren ausgezogen und inzwischen mit einer jüngeren Frau verheiratet.

An diesem Tag spürt die Mutter, wie angesichts des abgegessenen Tellers und des mit Speiseresten verklebten Topfes in der unaufgeräumten Küche die Wut in ihr hochsteigt. Sie arbeitet den ganzen Tag, um für die Familie Geld heranzuschaffen; die Tochter tut keinen Streich und verlangt von der Mutter auch noch, ihren Dreck wegzuräumen. Das soll der Dank sein! Das die Gerechtigkeit!

Die Mutter hat die Fantasie, den ganzen Dreck zu nehmen, und ihn der Tochter aufs Bett zu schmeißen: Dann muss diese, wenn sie nach Hause kommt, auch einen Saustall aufräumen, das ist nur gerecht. Oder soll sie die Tür abschließen, damit die Wohnung nicht wieder verdreckt wird? Dann wird die Tochter klingeln, es wird eine Szene geben, die Nachbarn … Soll sie versuchen, die Tochter über das Handy zu erreichen und sie zur Rede stellen?

Frau A. ist eine durchschnittlich gute Mutter; seit ihrer Scheidung leidet sie manchmal unter Depressionen und bricht Männerbeziehungen ab, sobald sie den Verdacht schöpft, wieder an jemanden geraten zu sein, der sie ausnützt. Sie war ein sehr braves Kind, das den durch ein Flüchtlingsschicksal belasteten Eltern keine Probleme machte und es daher oft ungerecht findet, manchmal aber auch stolz ist, dass ihre Tochter ganz anders ist, anspruchsvoller und erfolgreicher bei Männern.

In der beschriebenen Situation wird der terroristische Mini-Affekt (jemandem mehr zu schaden, als einem selbst geschadet wurde bzw. ungerecht zu werden, um jemandem plausibel zu machen, wie ungerecht *er* ist) dadurch ausgelöst, dass die Mutter aufhört, auf die Tochter stolz zu sein. Der Stolz auf etwas ist ein Ausdruck davon, dass ich eine Fantasie zur Stützung meiner Grandiosität verwerten kann – ich bin stolz darauf, ein Deutscher, ein Mann, ein guter Vater, ein erfolgreicher Kaufmann zu sein; ich bin stolz auf wohl geratene Kinder.

Je schneller die Kränkungswut abgeführt werden muss, desto größer ist auch die Gefahr einer destruktiven Entwicklung. In dieser führt die narzisstische Krise zu Folgen, die ihre Auslöser vermehren. Die Wut über das Versagen der Zufuhr vermindert die Zufuhr. Wenn die Mutter sofort ihre Tochter entwertet, sei es durch eine kränkende Aktion oder durch eine Kontaktaufnahme im Zustand ungebremster Wut, wächst die Gefahr, dass auch die Tochter zurückschlägt.

Ebenso problematisch ist es, gar nicht zu reagieren, das Geschirr zu spülen und die Wut zu ignorieren. Eine Spätfolge davon wäre dann die Depression. Der überlastete Organismus kann die Störung der Kränkungsverarbeitung irgendwann nicht mehr kompensieren, die Produktion von körpereigenen Botenstoffen wird beeinträchtigt, die Schädigung greift in das Übergangsfeld von Psyche und Soma hinein.

Da Frau A. eine durchschnittlich gute Kränkungsverarbeitung hat, tut sie nichts von dem, was ihr die erste Wut eingegeben hat. Ihr fällt ein, dass B. durchaus abspült, wenn man es mit ihr vereinbart. Der Stolz auf ihre Tochter kehrt zurück, sie ist doch ein gutes Kind, von dem sie es vernünftigerweise nicht erwarten kann, sich in den Stress und die Ordnungsbedürfnisse der Mutter einzufühlen.

Die Betrachtung dieses Aspekts der Geschwindigkeit, mit der das Individuum auf eine Kränkung reagiert, führt auch zum Verständnis des Anteils der Intelligenz an der Kränkungsverarbeitung. Psychologisch gesehen, hat Intelligenz sehr viel mit Geschwindigkeit zu tun: Wer schneller ein Problem erkennt und eine Lösung findet, ist fast immer auch intelligenter. Aber es handelt sich hier um eine instrumentelle Form der Geistestätigkeit, die noch keinen Beitrag zur Kränkungsverarbeitung leistet.

Die hohe Intelligenz hat ihre eigene Grandiosität und daher auch ihre eigenen Zusammenbrüche. Die geistigen Leistungen großer Verbrecher und/oder Terroristen haben schon oft zu der melancholischen Frage geführt, was mit solchen Potenzialen nicht alles hätte erreicht werden können, wenn sie denn nicht gegen, sondern im Einklang mit den Gesetzen umgesetzt würden.

Wer hochintelligent ist, ist blitzschnell mit seiner Wut zu Hand, kann aber auch schnell Gegenkräfte finden und aufbauen. Wer nicht so intelligent ist, braucht viel länger, um eine Enttäuschung zu spüren. Es bleibt ihm also oft erspart, durch übereilte Rache die Konflikte zu verschärfen; auf der anderen Seite wird er sich, einmal in Wut geraten und zur Rache entschlossen, auch nicht mehr so leicht versöhnen lassen, sondern zäh an seinem Entschluss festhalten.

Der naive Betrachter wundert sich, wenn Menschen, die so viel mehr haben als andere, die schöner, reicher, klüger sind als der Durchschnitt, depressiv werden und verzweifeln oder in hilfloser Wut sich und andere zu Grunde richten. Aber im menschlichen Erleben bleibt der Unterschied gering, ob wir vom Oberst nicht zum General oder vom Gemeinen nicht zum Gefreiten befördert werden. Jede Verkürzung eines vermeintlich berechtigten Anspruchs bedroht das Selbstgefühl.

Rache

Die Rache befriedigt Aggressionen, die aus der Frustration narzisstischer Bedürfnisse (nach *gerechter* Anerkennung, Beachtung, Aufmerksamkeit) entstehen. Ihre ältesten Formen sind die *Blutrache* und das *Duell*, die Sitte, Beleidigungen in einem formalisierten Kampf zu rächen. Im Duell wird ein schichtspezifischer Ehrbegriff verteidigt. Die *Satisfaktionsfähigkeit* unterschied den Adeligen und den Gebildeten vom regellos prügelnden Proletarier.

Disziplinierte, juristische oder politische Konfliktlösungen sind umständlich und daher unbefriedigend. Ihre Fähigkeit, Ungerechtigkeiten zu verhindern, wird im Impuls zum Faustrecht verachtet. In Hollywoodfilmen, die das Rachethema auswalzen, ist die Polizei entweder unfähig oder korrupt. Das Gewaltmonopol des Staates wird wieder zurückgenommen.

In der Trivialliteratur des 19. Jahrhunderts wurde das Rachethema vielfältig aufgegriffen, ein Zeichen dafür, wie sehr die damals noch junge Einrichtung des Rechtsstaates mit seinem Gewaltmonopol die Gemüter seit Schillers Jugendwerk *Die Räuber* beschäftigte.

In der literarischen Beschreibung der Rache ist der Gegensatz zwischen *heißer*, jäher, sofortiger Rache und der *kalten* Rache dargestellt. Die Psychoanalyse des Narzissmus kann bestätigen, dass beide Typen auftreten und die kalte Variante sehr viel schwerer berechenbar und einfühlbar ist als die heiße. Sie nähert sich einerseits so hochstehenden menschlichen Errungenschaften wie der Gerechtigkeit (auch die Justiz lässt es nicht zu, dass schwerste Verbrechen verjähren). Andererseits widerspricht es dem Verständnis von Vernunft und Nächstenliebe, nach vielen Jahren einen Mitmenschen eine

Tat entgelten zu lassen, über die er sich vielleicht schon längst hinausentwickelt hat, so dass ihn die Rache ebenso seiner Würde beraubt, wie einst seine Tat den Rächer.

Der Terrorist gehorcht der Dynamik der kalten Rache. Dazu gehört die Notwendigkeit, die eigenen Aggressionen sorgfältig zu verbergen. Während der Bombenbau schon geplant wurde, hat ein Mitglied der Sauerland-Gruppe der Illustrierten *Stern* ein Interview gegeben, in dem es sich als schuldloses Opfer staatlicher Observation darstellte, das nur Toleranz für seine Religion wünsche.

Der pharisäische und der kannibalische Narzissmus

Im pharisäischen Narzissmus wird (nach dem biblischen Beispiel) jemand entwertet, von dem ich mich vorteilhaft abhebe, auf dessen Anerkennung ich aber zu meiner Selbststabilisierung nicht angewiesen bin.

Die rassistischen und nationalistischen Vorurteile, die Entwertung von Minderheiten und Fremden haben durchweg diese Qualität. Die Fortschritte des Rechtsstaates und der Zivilisierung haben es immer schwer gehabt, sich gegen diese Mechanismen zu behaupten.

Der Übergang zu kannibalischen Prozessen ist fließend. Das Vollbild des kannibalischen Narzissmus erfordert, dass jemand entwertet wird, von dessen Anerkennung sich die Entwerter (zu) abhängig fühlen. Mitarbeiter entwerten ihren Chef, Liebende ihre Liebespartner, Eltern ihre Kinder und umgekehrt. Die Aufwertung durch Abwertung gehorcht dem Prinzip: *Ich bin längst nicht so schlecht wie du!* Du bist erbärmlich, ohne es zu wissen und ohne es zuzugeben; ich hingegen erkenne genau, was Sache ist und würde es auch besser machen, wenn es dich nicht gäbe.

Der kannibalische Narzissmus ist eines der düstersten Kapitel des menschlichen Zusammenlebens. Er führt den Menschen zu der rätselhaften Wut, die gerade das zerstören will, wonach er sich sehnt. Er steht hinter dem Hass, der wütende Entwertungen zur blinden Zerstörung steigert, wenn ihm deutlich wird, dass dem Gegenüber der Zauber mangelt, ihn wieder in Liebe zurückzuverwandeln. Er ist die Kälte, die sich nach der Wärme sehnt.

Achtsamkeit für ihn lehren uns Fabeln wie jene, die Äsop erzählt: Ein Wanderer findet im Winter eine Schlange, die vor Kälte erstarrt dem Tode nah ist. Er hebt sie auf und wärmt sie an seiner Brust. Kaum zu Bewegung erwacht, beißt die Schlange ihren Lebensretter. *Undankbare!*, ruft er sterbend. *Du wusstest, dass ich eine Schlange bin*, erwidert sie, die nun auch in der Kälte zu Grunde gehen wird.[21]

Der kannibalische Narzissmus ist umso ausgeprägter, je mehr sich zwei Menschen als Selbstobjekte benötigen. Ein Selbstobjekt stützt die eigene Grandiosität. Es darf sich nicht verändern, nicht bewegen, weil sonst die Gefahr eines Zusammenbruchs droht.

Im Vollbild des kannibalischen Narzissmus wird das Selbstgefühl durch die Entwertung jenes Selbstobjekts geschwächt, das auf der anderen Seite als unentbehrlich für den Erhalt der eigenen Grandiosität festgehalten wird. Ein literarisches Beispiel ist das alternde Paar in Edward Albees Stück *Wer hat Angst vor Virginia Woolf*. Es wird zusammengehalten durch die Entwertung des Partners nach dem Motto: Gemessen an dir bin ich jedenfalls gut; was hätte aus mir werden können, wenn du mich gefördert und nicht misshandelt hättest!

Der kannibalische Narzissmus zeigt die Macht des Traumas in menschlichen Beziehungen. Die Festigung des Selbstgefühls ist für das verletzte Ich wichtiger als das Streben nach Glück. Wenn ein allmächtig gedachter Gott zum Selbstobjekt wird, wird das Versagen dieses Gottes in der Heilung von Kränkungen schließlich das Ich treffen. Es liegt nicht an meinem Gott, sagt sich das gekränkte Ich, wenn geschieht, was nicht geschehen dürfte. Es liegt an der Schwäche meines Glaubens, den ich in einer auslöschenden Tat definitiv beweisen muss.

Die Grandiosität

Die Größenfantasie wird von den meisten Narzissmusforschern als Naturphänomen hingenommen, das zu den Anfängen der menschlichen Entwicklung gehört, in denen sich der Säugling als Herrscher einer undifferenzierten Mutter-Kind-Einheit imaginiert. Diese Erklärung versäumt es jedoch, die Unterschiede zu erfassen, die sich später in den Größenfantasien ausbilden. Ihre Abkömmlinge prägen vor allem die berufliche Entwicklung: Etwas zu bewirken, sich auf etwas zu beziehen, das setzt doch voraus, dass die Macht imaginiert werden kann, solche Ziele zu erreichen.

Der wesentliche Prozess, in dem die Größenfantasien ausdifferenziert werden, ist die Identifizierung. Sie ist ein hoch wirksamer, überall, wo es nur möglich ist, eingesetzter Lernprozess, der wissenschaftlich viel weniger erforscht ist als seine elementaren Vorläufer oder Begleiterscheinungen, wie die bedingten Reflexe oder die instrumentellen Reiz-Reaktions-Verknüpfungen. Das liegt daran, dass die Identifizierung experimentell nicht kontrollierbar ist und von ganzheitlichen, emotionalen Reaktionen getragen wird.

Sobald eine fremde Situation seinen Reizschutz überfordert, sucht das Kind die Nähe eines vertrauten Wesens. Diese Entwicklung verläuft sozusagen in konzentrischen Ringen, die nacheinander überschritten werden. Das Kind beobachtet die Erwachsenen und die älteren Kinder. Jede dieser Beobachtungen wird in der Gestalt einer latenten Identifizierung gespeichert. Angesichts neuartiger Situationen werden diese Modelle im Erleben durchprobiert, um herauszufinden, was passt. Darüber hinaus werden diese Identifizierungen in Spiel und Fantasie aktiviert, kombiniert, zu synthetischen Rollen verschmolzen. Wir nennen diese innere Tätigkeit *Tagträume*. Sie sind ebenso Ausdruck wie Grundlage der Grandiosität.

Die Größenfantasie hilft dem Kind, seine Ängste zu bewältigen und an den Schutz zu glauben, den die Erwachsenen spenden können, indem es diese idealisiert. Idealisieren heißt: als grandios erleben, als vollkommen, makellos. Idealisierung beruht darauf, negative Seiten auszublenden, Kritik zurückzustellen, an das Gute zu glauben. Indem sich das Kind mit diesen idealisierten Eltern identifiziert, gewinnt es Zuversicht. Diese Zuversicht hilft ihm, die Realität zu bewältigen. Das gelingt in dem Zustand am besten, in dem die Idealisierung wohlwollend zugelassen, aber nicht realitätsblind verteidigt wird.

4.
Terror
und narzisstische
Wut

Es war nicht leicht, die Brille aus dem Loch zu ziehen,
die Mühe stand wirklich im Missverhältnis zum Werte des
Gegenstands, endlich war es gelungen, er hielt sie in die Höhe,
ließ sie von da aus fallen, rief mit feierlicher Stimme:
»Todesurteil! Supplicium!«, hob den Fuß und zertrat
sie mit dem Absatz, dass das Glas in kleinen Splittern
und Staub umherflog.
»Ja, jetzt haben Sie aber keine Brille«,
sagte ich nach einer Pause des Staunens.
»Wird sich finden, diese Teufelsbestie wenigstens hat ihre Strafe
für jahrelange unbeschreibliche Bosheit …«[22]

Friedrich Theodor Vischer

Das ist eine banale, aber hilfreiche Szene, um sich dem psychologischen Mechanismus der narzisstischen Wut zu nähern.
Wer noch nie im Zorn ein völlig unschuldiges Werkzeug oder
Kleidungsstück malträtiert hat, erhebe sich über den Mann,
der seine Wut an jenen Dingen auslässt, die ihm dienen sollten,
es aber nicht tun.

Zwei Männer laufen einen halben Tag lang auf der Suche
nach den begehrten Steinpilzen durch den Wald. Ein einziger,
stattlicher Pilz ist die enttäuschende Beute. Am Abend, vor
der Heimfahrt, legt der Finder den Pilz auf einen Stein und
drischt mit seinem Wanderstock auf ihn ein.

Der eine Pilz muss die Rache für die vielen ertragen, die
sich nicht finden ließen. Das Beispiel verliert seine Harmlo-

sigkeit, wenn wir den Touristen betrachten, der von einem Fanatiker niedergeschossen wird. Solche Emotionen sind im modernen Terrorismus sozusagen salonfähig geworden. Nach dem grausamen Attentat in Djerba, in dem mehr als ein Dutzend Touristen starben, wurde in einem arabischen Fernsehsender ein Bekenntnis zitiert, der Täter habe es nicht ertragen, dass sich angesichts des Leidens seiner Glaubensgenossen Touristen am Besuch eines jüdischen Gotteshauses *erfreuen*.

Nach dem Attentat des *Schwarzen September* 1972 in München wurde der Gegensatz zwischen der Freude vieler am sportlichen Fest und dem Leid der Palästinenser angeführt.

Wer sich selbst beobachtet, kennt diesen Verlust des klaren Denkens in der Kränkung. Wer hat beispielsweise, wenn nach einem Streit der Liebespartner friedlich einschläft, dessen ruhige Atemzüge nicht als Aggression erlebt?

In der narzisstischen Wut verlieren wir unser kritisches Urteil.

Wenn es in zivilisierten Ländern rund zehnmal mehr Selbstmörder als Mörder gibt, heißt das auch, dass der Mensch besser ist als sein Ruf bei Philosophen, die ihn mit einem reißenden Tier vergleichen. Der Selbstmord ist zivilisierter und menschlicher als der Mord, so grausam er auf alle Menschen wirkt, die dem Selbstmörder nahestanden.

Im *erweiterten Selbstmord* sind in manchen Fällen alle Opfer einverstanden; in anderen, die uns unheimlicher berühren, tötet beispielsweise eine Mutter ihre Kinder und dann sich selbst. Manchmal scheitert dieser Versuch, manchmal ist er nicht einmal realistisch geplant und war nur der Deckmantel einer unbewussten Aggression gegen die Opfer.

Die Experten[23] sind sich heute weitgehend einig darüber, dass Selbstmordhandlungen nicht eindeutig motiviert sind. Die Täter wollen nicht nur aus dem Leben scheiden. Sie handeln aus einem Gemisch von Wünschen, die sich nur in einer solchen Tat und in keiner anderen ausdrücken lassen. Wer sich tötet, will Ruhe haben vor quälenden Kränkungen. Er will Personen, die ihn im Stich lassen, mit einem letzten Appell klarmachen, dass sie ihr Verhalten bedauern müssen. Er folgt aggressiven Impulsen, die sich sowohl gegen diese Personen als auch gegen das eigene Ich richten.

Der Suizidale kidnappt gewissermaßen sein eigenes Leben, setzt es gefangen und droht, die Geisel zu töten, wenn er nicht bekommt, auf was er um keinen Preis verzichten möchte. Ein derart eingesperrtes Leben wird zur Last, die die Wut gegen das eigene Ich noch verstärkt. Mit jeder Selbstmorddrohung wird das Selbstgefühl elender und der Zugzwang lastet schwerer, entweder nicht mehr drohen zu müssen, weil man befriedigt wurde, oder weil man ernst gemacht hat.

Diese Phänomene scheinen auch bei politisch oder religiös motivierten Selbstmordaktionen eine Rolle zu spielen. Für Täter, die sich so verkannt, erniedrigt, im Diesseits unglücklich fühlen, dass der Freitod ihnen ein guter Ausweg erscheint, hat die Realität zunehmend weniger Chancen, Anziehungskraft zu entwickeln.

Je aussichtsloser ein politischer Kampf ist, desto anziehender wird der Selbstmord als Waffe. Er verspricht, den Kampf zu beenden, ohne sich eine Niederlage eingestehen zu müssen, er richtet eine letzte Aggression gegen den gehassten Feind und eine kaum weniger große gegen das eigene Ich, das sich Wert und Lebensrecht genommen hat, weil es den Sieg nicht erringen konnte und so jetzt wenigstens die Niederlage vermeidet.

Weil jeder Mensch suizidale Fantasien kennt und viele sie verdrängen, ist die Begegnung mit einem dramatischen Suizid ein aufwühlendes Ereignis. Der Suizid ist die Chiffre der Todesbereitschaft. Jeder Charismatiker, der zur Macht kommt, wird seine narzisstische Grandiosität durch diese Todesbereitschaft schmücken, vor allem, wenn er diese an andere, die für seine große Idee in den Tod gehen, delegieren kann.

Für die Selbstmordattentate ist hier das Jahr 1979 schicksalsträchtig. Damals kehrte Khomeini in den Iran zurück und baute dort einen Gottesstaat auf, der sich über alle Menschenrechte hinwegsetzte. Dazu gehörte auch ein Märtyrerkult. Jugendliche wurden in Massen dazu gebracht, sich im Krieg gegen den Irak zu opfern, einen Schlüssel um den Hals – Symbol ihres direkten Weges in das Paradies. In Teheran wurde ein riesiger Friedhof gebaut, zu dem auch der Märtyrerbrunnen mit seinen Fontänen blutroten Wassers gehörte.

Khomeini wurde nicht müde, die jungen Kämpfer für ihre selbstmörderische Tapferkeit zu preisen und sie als die *wahren Herrscher* des von ihm beherrschten Landes darzustellen; eine makabre Parallele zu Hitler, dessen letzte öffentliche Handlung vor seinem Selbstmord die Auszeichnung von Hitlerjungen war, die sich im Kampf bewähren sollten.[24]

Eine feige Tat?

Nach dem Attentat vom 11. September stimmten kritischere Geister Susan Sonntag zu, die gegen die Suada der amerikanischen Medien von dem *feigen terroristischen Akt* den Einwand setzte, man könne den Selbstmordattentätern alles Mögliche vorwerfen, nicht aber Feigheit. Aber so einfach liegen die Dinge nicht.

Wer lebt, muss mit Schmerzen rechnen. Wer sich tötet, weicht aus in die Anästhesie. Wenn jemand in einer Situation flieht, in der er auch mit ungewissem Ausgang standhalten könnte, dann nennen wir das feige. Und diese Feigheit wird nicht ungeschehen gemacht, weil der Mensch, der sich dieser Feigheit hingibt, gleichzeitig etwas riskiert, was sich die meisten Menschen schützen, pflegen und erhalten wollen: das eigene Leben.

Die vertrackte Anziehungskraft des Selbstmordattentats liegt in dieser Mischung aus ruhmreicher Opferbereitschaft, Märtyrerglanz und Feigheit, was die bewusste Verarbeitung der Tat, die Auseinandersetzung mit dem Tod so vieler Unschuldiger angeht. Um diese Auseinandersetzung zu führen, waren die Täter zu feige. Dass sie das sein dürfen, dass sie selbst und ihre kulturelle Umwelt diese spezifische Feigheit problemlos verdrängen, das macht die Tat so attraktiv.

Fast alle Autoren, die sich mit den Selbstmordattentätern in Palästina beschäftigt haben, haben sich auch bemüht, eine Grenze zwischen diesen Menschen und *gewöhnlichen* Selbstmördern aufzurichten.[25] Aber es gibt einen typischen Selbstmörder so wenig wie einen typischen Selbstmordattentäter.

Wer sich gründlicher mit dem menschlichen Narzissmus befasst, wird von diesem Scheitern der Profiler nicht überrascht sein. Junge und alte Menschen, Gebildete und Ungebildete, Reiche und Arme, religiöse Fanatiker und weltliche Jugendliche haben Probleme mit ihrem Selbstgefühl und manchmal die Fantasie, die damit verknüpften Qualen und Spannungen durch Selbstmord zu beenden. Seit Hamlets Monolog über *Sein oder Nichtsein* ahnen wir, wie verbreitet diese Fantasie ist.

Die Universalität der Selbstmordfantasie in der narzisstischen Krise hat zu dem psychiatrischen *bon mot* geführt, der Mensch wäre schon ausgestorben, wenn er einen Knopf hätte, sich problem- und schmerzlos von einem Moment zum nächsten auszuschalten. Und es ist nicht zu leugnen, dass es kulturelle Entwicklungen gibt, die großen Gruppen von Menschen einen solchen Auslöser verschaffen.

Gegenwärtig haben wir eine davon in Palästina, eine zweite in Pakistan, eine dritte in Sri Lanka (Tamil Tigers). Die Selbstmordkommandos in Japan und in der kurdischen PKK gehören der Vergangenheit an; dass die technische Macht über die Explosion und eine durch die Massenmedien immens gesteigerte narzisstische Bedürftigkeit uns in Zukunft noch weitere Schauplätze solcher Taten bescheren werden, liegt auf der Hand.

Allerdings halte ich auch die in manchen Berichten über den fundamantalistischen Terror geschürte Angst vor einer schrankenlosen Ausweitung dieser Kultur des Todes und Sterbens für übertrieben. Die Selbstmordattentäter werden nur deshalb so pathetisch glorifiziert und vor jeder Kritik geschützt, weil sie in jedem vernünftigen Menschen einen tiefen Zweifel und ein nicht zu beruhigendes Unbehagen wecken.

Dieses verstummt nur so lange, wie wir die Ziele der Täter blind idealisieren und die Fantasie pflegen, ihr Erfolg stehe unmittelbar bevor. Spätestens wenn die einzelnen Aktionen zur Epidemie werden, gefährden Selbstmordattentäter das Ansehen ihrer Sache stärker, als sie es fördern können.

Anfangs scheint das Medienspektakel noch den grausamen Verlust aufzuwiegen, aber nach einiger Zeit nutzt es sich ab, wird zur Routine, während die Opfer und ihre Familien keineswegs weniger leiden.

Noch nie in der Geschichte hat Selbstmordbereitschaft eine Sache stabil gefördert und eine politische Veränderung durchgesetzt. Langfristig wird immer deutlich, dass die inszenierte Bereitschaft, für eine Sache zu sterben, diese Sache ebenso entwertet, wie das spontane, singuläre Opfer den Märtyrer zum Helden macht. Die Gefahr liegt nicht in den Taten, die wir schon kennen, sondern in dem Streben des gestörten Narzissmus nach Steigerung, nach Grandiosität, verbunden mit der Rücksichtslosigkeit gegen alle, die mit der Rücksichtslosigkeit gegen das eigene Ich einhergeht.

Im Iran, wo die Ideologen, die Politiker und die Bevölkerung die gründlichste Erfahrung mit einer Politik des inszenierten Massenselbstmords haben, ist dem Blutsbrunnen heute das Wasser abgesperrt. Der Märtyrerfriedhof ist zu einer peinlichen und von der Öffentlichkeit beschwiegenen Einrichtung geworden.

Erweiterter Selbstmord und Amoklauf

Im klassischen Suizid richtet sich die Aggression gegen das eigene Ich. Die Angehörigen können wählen, ob sie den Täter verachten und sich von ihm distanzieren, oder sich schuldig fühlen, weil sie seine Tat nicht verhindern konnten.

Im erweiterten Selbstmord haben die Personen, mit denen (oder gegen die) der Täter handelt, keine Wahl. Die Täter können oder wollen keine Grenze zwischen sich und ihren Angehörigen ziehen. Sie wollen möglichst vielen das Gute angedeihen lassen, zu dem sie sich selbst entschieden haben: ein Ende jeder Qual.

Die Nähe zwischen dem erweiterten Selbstmord und dem nach außen gerichteten Massenmord illustriert der Fall Barton. Der Apotheker und Spekulant Mark O. Barton, ein 44-Jähriger, erschoss in Atlanta im amerikanischen Georgia seine Frau und seine Kinder. Er hinterließ einen Zettel, auf den er schrieb, er wolle ihnen ein Weiterleben in dieser Welt ersparen. Dann packte er zwei Faustfeuerwaffen ein und tötete neun Menschen.

Die Opfer waren Daytrader, die in den USA Computerter-
minals zur Miete anbieten, mit deren Hilfe ihre Kunden an
der Börse spekulieren können. Offensichtlich fühlte sich Barton von ihnen betrogen und ausgenützt.

*Der Markt ist nach unten gegangen, und ich hoffe, dass das
eueren Tag nicht ruiniert*, soll Barton gesagt haben, ehe er seine
Waffen entsicherte und die Angestellten der Firma erschoss,
bei der er spekuliert hatte. Vier Menschen waren sofort tot.
Dann ging Barton zu einer anderen Daytrading-Firma in einem benachbarten Bürokomplex und erschoss weitere fünf
Menschen. Wenige Stunden nach der Tat wurde er tot in seinem Auto gefunden.

5.
Mohammed
Atta

Ein Mörder, der sich selbst tötet, hinterlässt in uns eine Leere. Er maßt sich nicht nur an, Richter und Henker derer zu sein, die er tötet, sondern er entzieht sich unserem Urteil, unserem Recht, unserem Wunsch, etwas von seiner Tat zu begreifen und uns mit ihm auseinanderzusetzen. Mehr als sein eigener Richter ist er sein eigener Erlöser; wir aber, Zeugen seiner Tat, bleiben unerlöst und mit allen unbeantworteten Fragen zurück. Die von diesen Tätern geschaffene Leere füllen wir zwangsläufig mit eigenen Fantasien, mit Erinnerungen, mit Mythen aus der Geschichte oder aus den Medien.

Eine dieser Erinnerungen sind die Kamikaze-Piloten, ein anderer die Assassinen, ein geheimnisvoller Mörder-Orden, der zur Zeit der Kreuzzüge die Feinde einer Sekte mit Hilfe von todessüchtigen Killern bedrohte.

Die Kamikaze-Piloten kämpften in einem erklärten Krieg gegen militärische Ziele. Während jeder Kampfpilot den Tod riskiert, suchten sie ihn. Sie kämpften offen, in einer makabren Steigerung militärischer Tugenden. Die Assassinen agierten heimlich, schlichen sich verkleidet zu den Feinden ihres Herrn und suchten den eigenen Tod eher als ihn zu scheuen, um ihren Mordauftrag zu erfüllen.

Assassin ist inzwischen das französische Wort für Killer. Experten wissen noch, dass es sich von Hashishin herleitet – Haschischesser. Die Droge soll eine wichtige Rolle in der Vorbereitung der Mörder gespielt haben.

Die Ausbildung der Kamikaze-Piloten wurde vor allem durch die japanische Pflicht-Ideologie geprägt (deren *bis in den Tod* durch das Harakiri-Ritual der Samurai unterstrichen wird). Drogen spielten hier keine große Rolle, die Begeisterung musste genügen.

Die Assassinen waren straff organisiert; an ihrer Spitze stand der Sheikh-al-Jabal, der *Herr* (oder *Alte*) *vom Berge*, unter ihm drei Großmeister, die die drei Ordensprovinzen zwischen Syrien und Persien regierten. Die gefürchtete Gruppe der *Fedais* (die sich weihen) waren junge Männer, die in blindem Gehorsam geübt wurden.

Nach einer späten und keineswegs gut belegten Geschichte erhielten die besten Rekruten Haschisch und wurden in die prachtvollen Gärten des Sheiks geführt, wo alles aufgeboten war, was der Orient an Befriedigungen kennt. Diese Wonnen, so das Versprechen, würden ihnen für immer zuteil, wenn sie den Mordauftrag durchführten. Aus dem Rausch erwacht, glaubten die Männer im Paradies gewesen zu sein und setzten künftig ihr Leben für den Orden ein, um wieder dorthin zu kommen.

Alle Berichte über die Assassinen tragen die Spuren des Entsetzens über die Bedenkenlosigkeit, mit der hier der politische Mord eingesetzt wurde. Den Ordensgründer Hassan, der die Festung Alamut in Persien besetzte und die Sekte gründete, hat es sicher gegeben, ebenso die von ihm gegründete Dynastie.

Ob aber die Berichte von einer Geheimgesellschaft, die nach außen den Koran predigte, nach innen aber eine amoralische Machtpolitik betrieb und über die Gebote des Propheten lachte, Wahrheit sind oder tendenziöse Erfindung, das wissen wir nicht.

Die von Hassan begründete Dynastie hielt sich von 1090, als er die Feste Alamut eroberte, bis 1256, als die Mongolen den letzten Sheikh Rukneddin gefangen nahmen, der erst ein

Jahr vorher durch die bei den Assassinen übliche Weise[26] an die Macht gekommen war: Er ließ seinen Vater Ala-ed-din ermorden.

Mangu Khan behandelte den Leiter des Ordens zunächst gut. Als er sich aber als nicht loyal erwies, ließ ihn der Khan hinrichten und vernichtete alle Mitglieder der Assassinen in Persien, angeblich über 12.000 Menschen.

Marco Polo (1254–1324), der auf seinem Weg in den Fernen Osten Persien durchreiste, berichtet, dass der Führer der Assassinen, der *Alte vom Berge*, in einem befestigten Tal einen wunderbaren Garten mit seltenen Früchten angelegt hatte. Aber er hat diesen Garten nicht gesehen; damals hatten die Mongolen längst die Macht übernommen.

Der *Alte vom Berge* ist ein Mythos mit einem geschichtlichen Kern. Aber wir brauchen keinen Mythos, um das Muster von dem älteren Mann zu erkennen, der junge Männer in den Tod schickt. Sie haben die körperliche Fitness, seine Aufträge durchzuführen, während er seine Macht vergrössert. Sie sind Werkzeuge. *Pferde Allahs* nannte bin Laden in einer seiner Ansprachen diese Krieger.

Stellen Sie sich vor, Sie sitzen in einer Sauna, es ist sehr heiß, aber Sie wissen, dass es nebenan ein Zimmer gibt mit Klimaanlage, einem bequemen Sessel, klassischer Musik und einem Drink. Also gehen Sie ganz einfach dorthin. So würde ich einem Menschen aus dem Westen erklären, was in der Seele eines Märtyrers vorgeht. Diese Antwort auf die Frage eines Journalisten, was im Kopf eines Selbstmordattentäters vorgehe, stammt von Sayed Hassan Nasrallah, einem ehemaligen Kommandeur der Hisbollah im Südlibanon, der selbst solche Täter rekrutiert hatte.

Diese Aussage ist gut erfunden.[27] Sie hat ihren propagandistischen Zweck erreicht, wenn sie Angst weckt. Der durch-

schnittliche Mensch des Ostens hält solche Täter keineswegs
für normal. Er hält sie für ebenso gestört wie der durchschnittliche Mensch des Westens.

Ein Architekt der Destruktion

Wenn wir sehen, wieviel Grausamkeit und Unrecht in der Welt
geschehen, wie in Afrika und Asien Tausende jeden Tag einem
Wirtschaftssystem geopfert werden, das sie nicht verstehen
und nicht verändern können, dann traf New York 2001 *nur*
ein Nadelstich. Aber wenn der Nadelstich einen großen, ge-
blähten Ballon trifft, dann reichen die Folgen weit über die
Ursache hinaus.

Dieser geblähte Ballon ist unsere Vorstellung, dass die Industriegesellschaften wegen ihrer technischen Überlegenheit
nicht nur bewundert und nachgeahmt werden, sondern auch
geliebt. Diese Vorstellung ist am 11. September 2001 ge-
platzt.

Diese Selbstmordattentate haben eine moderne Qualität. Sie
sind ohne die Veränderungen unserer Psyche durch die moderne Technik nicht zu erklären. Versuchen wir an einem konkreten Fall Details zur Situation der Täter zusammenzutragen.
Was wissen wir von dem gebürtigen Ägypter *Mohammed el-
Amir Awad al Sajid Atta*, der eine ganze Weile in Deutschland
gelebt hat und als einer der Organisatoren und Piloten des
Angriffs auf das World Trade Center gilt?

Wir kennen mindestens drei Persönlichkeiten von Atta. Da
ist der gesetzestreue und pflichtbewusste Sohn, dessen Beteili-
gung an der Tat sein Vater, ein Anwalt, auch angesichts er-
drückender Beweise leugnet.[28] Da ist der Student, der mit guten Noten Architektur studiert und schließlich eine

ausgezeichnete Diplomarbeit über ein städtebauliches Thema anfertigt: den gefährdeten Altstadtteil Khareg Bab-en-Nasr im syrischen Aleppo.

Vier Jahre hat Atta, wie viele Architekturstudenten, als Bauzeichner in einem Büro gearbeitet. Er war höflich, korrekt, diszipliniert. Er belästigte niemanden mit seinem zweiten Ich: dem Frommen, der für arme Muslime Sozialarbeit leistet, für Asylbewerber dolmetscht und ein Testament verfasst, das penibel das Ritual seiner Beerdigung regelt – es sollen keine Frauen anwesend sein und niemand soll seinen Genitalbereich ohne Handschuhe waschen.

Und dann gibt es ein drittes Ich: den Terroristen, der seinen Selbstmord mit dem Tod vieler Unschuldiger verknüpfen wird.

Wir wissen nichts über Mohammed Attas Kindheit. Jedenfalls scheint sie unauffällig gewesen zu sein; der Junge war intelligent und fleißig. Warum studierte Atta im Ausland? Diese Entscheidung nach sechs Semestern Architekturstudium in Kairo und einer Praxis als Bauzeichner ist psychologisch interessant. Sie half Atta, den Reifungsprozess aufzuschieben, der mit der Aufnahme einer Berufstätigkeit verbunden ist.

Diesen Schritt scheuen narzisstisch belastete Personen. Sie können sich nicht von ihren Größenfantasien trennen. Atta war als Architekt ein radikaler Kritiker der Hässlichkeiten der Moderne. Seine Begeisterung für den schon länger vorliegenden Plan, die Twin Towers zu zerstören, hing eng mit seinem Hass auf die westliche Bauweise zusammen.

Atta bewarb sich nach einem Studienjahr in Deutschland um ein Stipendium und fuhr nach Kairo. Dort arbeitete er über die Stadt- und Verkehrsplanung in der fatimidischen Altstadt und lieferte nach seiner Rückkehr einen Bericht. Aber der Aufenthalt hatte ihn verändert. Er ließ sich einen Vollbart wachsen, trug Pluderhosen und nicht mehr Jeans. Er wirkte sehr ernst und in sich gekehrt.

Erst jetzt gab es Anzeichen für seine Verbindung zu Osama bin Laden: Er hob hohe Geldbeträge ab, kleidete sich wie das Idol der Fundamantalisten und engagierte sich – wie dieser – in der Fürsorge für arme Muslime.

Während Atta mit seinen Komplizen in Florida fliegen lernte, fiel dort auf, dass ihm die in Flugschulen eigentlich selbstverständliche Freude am Fliegen nie anzusehen war.

Es dürfte im Gesprächskontakt mit Menschen wie Mohammed Atta kaum möglich sein, einen Dialog über die seelischen Kräfte zu führen, die hinter der Fassade fanatischer Religiosität wirksam sind. Wie in allen faschistischen Bewegungen wirken auch hier kameradschaftliche Aufopferung und ideologische Verblendung zusammen.

Die bizarre Störung des Verhaltens, die uns am Selbstmordattentat erschreckt, beruht nicht darauf, dass hier ein Mensch aus der Art geschlagen ist und einen völlig neuen, unverständlichen Charakterzug entwickelt hat. Vielmehr liegen die Ursachen im Fehlen von sozialen Einbettungen und Kontrollen, im Mangel an Zugang zu Bindungen an die gewöhnlichen Freuden des Lebens.

Oft wird die Wut gegen die Vormacht der westlichen Welt dadurch erklärt, dass hier die Armen gegen die Reichen aufstehen. Aber es geht weniger um Armut (die Täter sind fast durchweg besser situiert als der Durchschnitt der Bevölkerung) als um Scham, um kulturelle und seelische Erniedrigung. Dass diese besonders in den arabischen Ländern um sich gegriffen hat, hängt damit zusammen, dass in keiner anderen Kultur die Faszination westlicher Technologie mit einem traditionellen Überlegenheitsgefühl in derart brisante Spannungen gerät.

Die Araber waren einmal die Lehrmeister Europas. Der Stauferkaiser Friedrich II. vertraute den sarazenischen Gelehrten mehr als den christlichen. Zur Zeit der Kreuzzüge kämpften die Gegner noch mit den gleichen Waffen. Schließlich unterlagen die Christen. Der Mann, der damals die entscheidenden Siege erfocht und Jerusalem für den Islam zurückeroberte, ist das historische Vorbild von Osama bin Laden: Saladin.

Der europäische Nationalismus und Kolonialismus des 19. Jahrhunderts gründete sich auf den Dünkel, den Kanonen und Schnellfeuergewehre erzeugen. Die europäischen Mächte förderten Aufstände gegen die jahrhundertelange Herrschaft der Kalifen, deren Erbe die osmanischen Sultane angetreten hatten. Überall nutzten die Europäer Spannungen zwischen den Muslimen und einer von diesen unterworfenen Bevölkerung aus.

Wer die islamische Kultur liebt, hat auch als Fremder einen geistigen Zugang zu der Demütigung, die ihre Eliten fast noch mehr bedroht als ihre Armen. Die Armen sind es gewohnt, unterdrückt zu werden. Ob ihr Unterdrücker ein Mann der eigenen Kultur und Religion ist oder nicht, wird sie erst dann beschäftigen, wenn ihnen eine Wahl angeboten wird. Wer aber privilegiert ist, wer die Möglichkeit hat zu studieren und ein Stück der Widersprüche genauer kennenzulernen, in die er hineingeboren ist, dem wird es nicht leichtfallen, den Niedergang der eigenen Kultur zu ertragen.

Dann kippt der Wunsch, Gerechtigkeit zu finden, der dazu führen könnte, auch in den Mitteln nicht ungerecht zu werden und keine Unschuldigen zu töten, in die grandiose Absicht, die einstige Größe wiederherzustellen. Dann wird jedes Mittel gerechtfertigt und jeder Mensch, der nicht den eigenen Fanatismus teilt, gleichgültig. Er ist Material, Hindernis oder Baustein, nützlicher Idiot oder gefährlicher Gegner, aber er ist seiner Menschlichkeit beraubt, er ist kein Gegenstand von Einfühlung mehr.

Besonders verhängnisvoll ist diese Entwicklung, wenn sie ein reicher und vielfältig begabter Mann durchmacht, wie Osama bin Laden. Bedrohlich scheint auch, dass die Disposition zu dieser Entwicklung verbreitet ist und Männer wie bin Laden oder Atta für eine kollektive Spannung stehen.

In einer von Videospielen, Aktionfilmen, Computern, Schusswaffen und Explosionsmotoren geprägten seelischen Welt sind narzisstische Störungen entstanden, die ihrerseits dem Selbstmordattentat entgegenkommen. Eine Art Entgrenzung, ein Verlust des Realitätsbezugs geht der körperlichen Auflösung in der Explosion voraus. Der Tod anderer, der eigene Tod entfernt sich von allen vitalen, kreatürlichen Ängsten ebenso weit wie von den vernünftigen Bedenken und der schlichten Moral, anderen nichts anzutun. Alles und alle lösen sich auf, und das ist auch gut so. Der Tod ist die Heimat eines verstörten Ichs.

Ein New Yorker, dem es das Leben rettete, dass er sich auf dem Weg in sein Büro im World Trade Center verspätete, hielt den Aufprall des Flugzeugs auf die Glasfront zuerst für den Stunt einer Filmproduktion. Erst nach geraumer Zeit nahm er wahr, dass um ihn herum wirklich Menschen starben.

Die virtuelle Realität der Medien ist etwas zwischen Fantasie und Wirklichkeit, sozusagen eine technisch gestützte Fantasie, ein Zustand, in dem die Grenzen zwischen wirklichen und simulierten Ereignissen durchlässig werden.

Wenn wir mit Tempo 200 über die Autobahn fahren, fühlen wir uns wohl und entspannt in einem System, das extrem gefährlich für uns und für andere ist. Die Technik erzeugt eine

Situation, in der wir regredieren und narzisstische Fantasien von Allmacht und absoluter Sicherheit einen größeren Raum in uns einnehmen, als es unser kritischer Verstand wahrhaben möchte. Motoren und Servo-Aggregate arbeiten für uns, wir sind unbeschränkte Herrscher, uns kann nichts geschehen. Kein Autofahrer stellt sich vor, wie seine Knochen brechen und Glas oder Stahl in seinen Körper dringen.

Die menschliche Bombe verlangt die Bereitschaft, sich zu entgrenzen, sich aufzulösen. Die Schalt- oder Steuerbewegung, mit der die tödliche Explosion ausgelöst wird, ist ein vertrauter Beweis der eigenen Macht. Mühelos meint das Individuum über sich selbst und seine kleine Geschichte zu triumphieren. Es verschmilzt mit der großen, schrecklichen Aufgabe und löst sich in dem Ruhm auf, alles für sie getan zu haben.

Ein in der Realität verankertes Bewusstsein schaudert vor dem Gedanken, dass der eigene Körper in unkenntliche Fetzen zerrissen wird. Das in seinen narzisstischen Größenfantasien gereizte und von einer fanatisierten Gruppe getragene Ich wird sich an diesem Bild begeistern.

Von einer Sekunde in die nächste verwandelt sich der Täter in ein höheres Wesen. So billig war Märtyrertum noch nie zu haben, so lautstark gefeiert wurde es in der Geschichte ebenfalls nicht.

Eine psychologische Analyse des Phänomens der menschlichen Bomben muss sich mit den Folgen technischer Entwicklungen beschäftigen. Explosivwaffen und Massenmedien stimulieren Fantasien der Grandiosität; Politiker beuten diese Möglichkeiten aus.

Diese brisante Mischung machte sich zum ersten Mal im Märtyrer-Kult der schiitischen Revolution im Iran bemerkbar.

Dieser *Geist von Kerbala*, benannt nach dem Ort, an dem sich der von den Schiiten verehrte Hussein ibn Ali, Enkel des Propheten und dritter Imam, auf einen selbstmörderischen Kampf gegen eine riesige Übermacht einließ, wurde von Khomeini geweckt, gefördert und zur Waffe gegen seine Feinde geschmiedet.[29]

Dieses Opfer des eigenen Lebens wurde von der Hisbollah, der *Partei Gottes* im Libanon zum ersten Mal in den menschlichen Bomben weiterentwickelt, die sich mit sprengstoffbeladenem LKW in die Luft sprengten und auf diese Weise die amerikanischen und französischen Besatzer 1982 vertrieben. Es waren die höchsten Verluste der Franzosen seit dem Ende des Krieges in Algerien.

Wie zwei Bautrupps, die von beiden Seiten eines Berges einen Tunnel bohren, treffen sich religiöse Politik und seelische Deformation.

Die menschliche Bombe beruht auf dieser Wechselwirkung: Ohne die psychische Disposition, die durch die prägenden Einflüsse der Explosion auf den menschlichen Narzissmus geschaffen wird, lassen sie sich ebensowenig verstehen wie ohne den Einfluss einer politischen Ideologie. Die selbstmörderische Explosion wird zum Ausdruck eigener Grandiosität. Das politische Geschehen hat eine seelische Schicht erreicht, in der Tod und Grandiosität noch nicht differenziert sind. Die menschliche Bombe löste eine narzisstische Krise.

Als 1982 fast 300 amerikanische und französische Soldaten im Libanon durch zwei Selbstmordbomber in einem LKW ausgelöscht wurden, rechneten die Strategen des Westens nicht damit, dass sich eine solche Tat steigern lassen würde. Durch verbesserte Schutzmaßnahmen und die Stationierung auf Schiffen schien es möglich, derlei Aktionen künftig zu verhindern.

Ähnlich wird die Öffentlichkeit nach dem 11. September getröstet. Dank der Gegenmaßnahmen wird sich ein solches Attentat nicht wiederholen. Wenn wir aber eigene Bedürfnisse nach Seelenfrieden zurückstellen, spricht viel dafür, dass uns die menschliche Bombe auch in ihrer ärgsten Steigerung nicht erspart bleiben wird.

6.
Osama
bin Laden

Bin Laden wird 1955 als einziger Sohn der vierten und letzten (legalen) Frau eines Bauunternehmers in Saudi-Arabien geboren. Sein Vater ist ein Einwanderer, der 1930 mit seinen Brüdern aus Hadramaut im Jemen gekommen war, um Arbeit zu finden. Dank des Ölreichtums der Saudis und einer großen unternehmerischen Begabung sammelte er ein riesiges Vermögen und heiratete drei angesehene Frauen aus seiner neuen Heimat.

Seine vierte Frau, Osamas Mutter, kam aus Syrien und war moderner als die anderen Frauen des jemenitsch-saudischen Unternehmers. Sie trug keine traditionelle *burka* über ihren Chanel-Kostümen.

Osama ist der einzige Sohn dieser Frau. Er hat seinen Vater, der ständig unterwegs war und 1968 bei einem Helikopterabsturz ums Leben kam, kaum erlebt. Mit 13 Jahren erbte er ein Vermögen von 80 Millionen Dollar, mit 17 hatte er einen eigenen Reitstall und mit 19 begann er ein Studium zum Bauingenieur.

Er war von Luxus umgeben, aber in der Saudi-Oberschicht ein Außenseiter. Osama war in seiner Jugend alles andere als fromm; es gibt Berichte über Alkoholexzesse im Nachtleben von Beirut, Schlägereien um die Gunst einer Nachtclubtänzerin und ähnliche Hinweise darauf, dass er seinen Reichtum in vollen Zügen genoss.[30]

Osama bin Ladens Wandlung zum religiösen Fanatiker vollzog sich in mehreren Schritten. Mindestens zwei Phasen lassen sich unterscheiden, und in beiden Situationen verarbeitete bin Laden narzisstische Kränkungen durch eine Identifizierung mit heroischen Gestalten, die er eher der Welt seiner Mutter – also Syrien – entnahm als der Welt seines Vaters, Saudiarabien und dem Jemen.

Die erste Wendung nahm Osamas Biografie im Jahr 1979. Hier wird auch deutlich, wie modern Osama gerade darin war, dass er in seinen islamistischen Überzeugungen heroische Träume in explosive Realität umzusetzen suchte und sich immer weiter von seinen Brüdern (deren Mütter in der Saudi-Tradition verwurzelt waren) und der saudiarabischen Oberschicht entfernt.

Seine Mutter war eine Fremde, sein Vater konnte ihn weniger prägen als seine Brüder. 1979 machte Osama nicht nur sein Examen. Der mittlere Osten wurde durch drei Ereignisse erschüttert: Die Sowjetunion überfiel und besetzte Afghanistan, Israel und Ägypten schlossen Frieden, die islamische Revolution verjagte den Schah aus dem Iran.

Der amerikanische Geheimdienst schmiedete mit dem Establishment in Saudi-Arabien eine Allianz gegen die sowjetische Invasion und weckte ein Gespenst. Vor diesem Krieg war der *Dschihad* aller Muslime gegen einen Feind ihrer Religion eine Sage aus grauer Vorzeit.

Es entstand eine internationale Freischärler-Truppe, die mit modernsten Waffen ausgerüstet und von der CIA und den Ölländern gemeinsam finanziert wurde. Allein im Jahr 1987 pumpten die Amerikaner 500 Millionen Dollar in diesen Krieg, und die Saudis zahlten ebensoviel.[31]

1984 fiel ein Mann in den Lazaretten auf, in denen die Mudschaheddin – die Glaubenskrieger – versorgt wurden. Er trug das traditionelle afghanische Gewand über europäischen Hosen und maßgeschneiderten englischen Stiefeln, ging von Bett zu Bett, versorgte die Verwundeten mit alkoholfreien Getränken und Süßigkeiten. Er notierte ihre Namen. Einige Wochen später erhielten die Angehörigen der Verletzten einen großzügigen Scheck.

Diese Anekdote zeigt Osamas Geschick in der Rekrutierung von Kämpfern. Es gibt kriegerische Anekdoten über ihn: wie er Baumaschinen nach Afghanistan einfliegen ließ und unter dem Feuer der sowjetischen Hubschrauber Straßen baute, Höhlen anlegte, Nachschubwege organisierte.

Osama hatte eine Lebensaufgabe gefunden. Sein Vorbild wurde Saladin, der die Kreuzritter aus Jerusalem vertrieb. 1989 ließen die Sowjets ihre Vasallen in Afghanistan im Stich. Das Land zerfiel in Bürgerkriegen. Osama bin Laden kehrte nach Saudi-Arabien zurück. Er verwaltete sein Vermögen und vertiefte seine Kontakte zu anderen Islamisten.

Afghanistan war befreit, Jerusalem nicht. Allmählich wurden für Osama seine mit ihrem wirtschaftlichen Erfolg beschäftigten Brüder, seine früheren Verbündeten, das saudische Königshaus zu Feinden. Wer sich ein kriegerisches Ich angeeignet hat, der kann es nicht ertragen, dass es keinen Kampf gibt. Osama begann, für eine islamistische Reform im Königreich Saudi-Arabien zu kämpfen.

1991 tolerierten die Saudis Osama bin Laden nicht mehr. Er wurde ausgewiesen. Er verlor die Heimat seiner Kindheit, später wurde auch ein Teil seines Vermögens beschlagnahmt. Gleichzeitig erlaubten die Saudis den USA, Stützpunkte in ihrem Land zu beziehen, um den Golfkrieg gegen den Irak zu führen. Nach dem Sieg blieben die Amerikaner im Land.

Osama bin Ladens Entdeckung von 1979 war, dass er sein Selbstgefühl durch den Kampf gegen eine gottlose Besatzungsmacht festigen konnte. Der Sieg des Dschihad über die einstige Weltmacht im Osten stimulierte seine Grandiosität.

Jetzt hatte er seinen Feind verloren. Die Sowjetunion gab es nicht mehr. Aber es gab eine Besatzungsmacht, die die jüdische Herrschaft in der heiligen Stadt Jerusalem unterstützte: die gottlosen USA.

In Afghanistan war Osama einer von vielen reichen Saudis, die sich im ersten panislamischen Feldzug seit 800 Jahren engagierten. Seit er aus Saudi-Arabien vertrieben worden war, musste er sich radikalisieren oder resignieren. Die Sicht auf die USA als dem *großen Teufel*, der die Kinder Allahs einem verderblichen Einfluss aussetzt, lag sozusagen auf der Straße.

Die USA unterstützen korrupte Regimes, um ihre Handelsinteressen durchzusetzen. Sie stehen an der Spitze des Fortschritts in technischer, vor allem aber auch in medialer Sicht. Die USA sind nicht nur das Land, in dem der Kapitalismus am weitesten entwickelt ist, sondern – was für die Länder in Asien und Afrika besonders wichtig ist – sie stellen ihre eigene Entwicklung schonungslos zur Schau. Was ist die Predigt eines Missionars, verglichen mit den Soaps von Hollywood![32]

Amerika steht für alles, was Osama bin Laden in seiner Kindheit als Kränkung erlebte. Damals war er der Sohn einer Außenseiterin. Später projizierte er diesen Anteil auf seine Brüder, auf das in seinen Augen heuchlerische Regime der Saudis, die die Macht über Mekka und Medina beanspruchen, aber mit dem Erzfeind des wahren Glaubens paktieren.

Osama bin Ladens nach dem Studienabschluss gewählte Identifizierung mit dem all-islamischen Kämpfer hatte sein vorher durchaus weltlichen Genüssen aufgeschlossenes Ich aufgezehrt; Freuds Metapher vom Karzinom der großen Aufgabe, die Kraft aus dem gesamten bisherigen Leben zieht,

Arbeit und Leben verschmilzt und sein Wachstum nur im Tod des Wirtes beendet, trifft auch auf bin Laden zu.[33] In ihrem gut recherchierten Artikel über Osama bin Laden berichtet Mary Anne Weaver, dass er während des Krieges in Afghanistan begann, sich mit Saladin zu identifizieren. Nach unserem Konzept der narzisstischen Störung sagen solche Vorbilder sehr viel mehr über die Orientierung einer Persönlichkeit aus, als wir es auf Grund der enormen Unterschiede zwischen der Welt die Mittelalters und der moderen Medien- und Konsumgesellschaft vermuten würden.

Saladin überrannte Palästina, besiegte die christlichen Ritter in Tiberias und bei Hittin, belagerte Jerusalem und eroberte die Stadt. Die Kreuzritter hatten Jerusalem geplündert und ein Blutbad unter den Bewohnern angerichtet. Saladin hielt sich an die Vorschriften des Koran, der eine Sondersteuer vorsieht, aber Gewalt gegen Juden und Christen verbietet.

Seither stand Jerusalem unter muslimischer Verwaltung; erst im Zuge der Auflösung des osmanischen Reiches geriet Palästina wieder unter ein christliches Protektorat, das schließlich von der Gründung des Staates Israel und seiner Anerkennung durch die USA im Jahr 1948 abgelöst wurde.

Saladin starb 1193 in Damaskus. Aus Damaskus kam auch Osama bin Ladens Mutter. Der Name Osama gehört zu dem ersten Biografen Saladins, dem Dichter Osama ibn Murkidh, der von 1095 bis 1188 lebte.

Saladins Aufstieg vom kurdischen Offizier zum unangefochtenen Herrscher über den Nahen Osten, vor allem aber die Reinigung der Heiligen Stadt von den fremden Eroberern waren Ziele, die sich Osama bin Laden zu eigen machte und die von jetzt an sein Handeln bestimmten. Die narzisstisch gestörte Persönlichkeit geht willkürlich mit ihren Helden und

Vorbildern um. Osama hat von Saladin den Anspruch übernommen, das Heilige Land von den Kreuzrittern zu befreien, dessen Gebot zu ritterlichem Kampf aber ignoriert. Der Westen kränkt den Stolz der Araber. Er verführt ihre Bürger durch seine Konsumangebote und eine in ihren Traditionen unsittliche Rolle der Frau. Er nimmt sie nicht ernst. Er hält die Preise für ihre Rohstoffe niedrig und die Preise für seine Industriegüter hoch.

Der »Ölscheich« ist die Figur, mit der diese Ausbeutung im Westen rationalisiert wird – Prototyp des verachteten Vaters, eines eigennützigen Schmarotzers, der die fleißigen Industrieländer mit einer Verfügungsgewalt über Naturschätze erpresst, die ihm ohne jeden Verdienst in den Schoß gefallen sind.

Es gibt kaum eine widerwärtigere Denkfigur als diesen Ölscheich; er erfüllt dieselben Funktionen wie der Jude in den Nazi-Karikaturen. Dieser Jude wurde erfunden, um das brutale Vorgehen der Antisemiten zu rechtfertigen. Ähnlich wurde der Ölscheich aufgebaut, um die Ausgebeuteten durch eine Gestalt zu symbolisieren, die weder Achtung noch Mitgefühl verdient.

Orhan Pamuk hat nach dem Anschlag am 11. September die Stimmen der Armen in Istanbul aufgezeichnet.

Ein durchschnittlicher Bürger eines armen islamischen Landes ohne Demokratie und ein Beamter in irgendeinem Drittweltland, der mit Mühe das Monatsende zu erreichen versucht, weiß nicht nur, dass vom Reichtum der Welt auf ihn nur äußerst wenig entfällt und dass er dazu verurteilt ist, ein Leben zu führen, das verglichen mit dem im ›Westen‹ unter sehr viel härteren Bedingungen verlaufen und sehr viel kürzer sein wird. Vielmehr ahnt er in einer Ecke seines Bewusstseins, dass sein Elend seine

eigene Schuld oder die seines Vaters oder Großvaters ist. … Der
Westen hat leider kaum eine Vorstellung von diesem Gefühl der
Erniedrigung, das eine große Mehrheit der Weltbevölkerung
durchlebt und überwinden muss, ohne den Verstand zu verlieren
oder sich auf Terroristen oder Fundamentalisten einzulassen. In
diesem fluchbeladenen Bereich können weder die Romane des
magischen Realismus, die Armut und Dummheit als liebenswert
beschreiben, noch populäre Reiseliteratur eindringen.[34]

Die Faszination der Apokalypse

Aus der Perspektive heutiger Muslime steht die Welt auf dem
Kopf. Gott hat ihnen durch das Siegel der Propheten, durch
Mohammed, den letzten Menschen, der eine göttliche Offenbarung empfangen hat, ein Versprechen gegeben, an dem sie
nicht zweifeln dürfen. Es war nicht nur der reine, wiederher-
gestellte Glaube, sondern auch der weltliche Lohn für die
Gläubigen: Macht, Erfolg, Herrschaft. Ein Jahrtausend lang
wurde dieses Versprechen erfüllt – die Reiche der arabischen
Kalifen und der osmanischen Sultane gehörten zu den mäch-
tigsten der Erde.

Seit dem Beginn der Neuzeit hingegen ist die Bedeutung der
islamischen Welt geschrumpft. Da Gott unmöglich dafür verantwortlich sein kann, muss es am verunreinigten, geschwun-
denen Glauben der Muslime liegen. Die apokalyptische Deu-
tung dieser Situation richtet sich an einige Auserwählte. Sie
sind wenige, aber sie wissen, worum es geht. Sie erkennen den
wahren Feind, während um sie herum die Unwissenden nur
an ihre Bequemlichkeit und ihren Vorteil denken.

Die große Anziehungskraft, die die apokalyptische Vision
für den menschlichen Narzissmus hat, liegt in der Verbindung

von Grandiosität, Aggression und in Allwissenheit kompensierter, realer Ohnmacht. Den Apokalyptikern ist klar, dass sie zwar den Weg wissen und auch den Feind als einzige eindeutig erkennen, dass sie aber nur geringe Aussichten haben, ihn zu bezwingen. Dennoch müssen sie alles tun, was in ihrer Macht steht, und dürfen den eigenen Tod nicht scheuen. Da die Spanne des Lebens aller Menschen ohnehin durch den allgemeinen Untergang verkürzt wird, kommt es auf ein paar Jahre mehr oder weniger nicht an.

Von der westlichen Öffentlichkeit wenig bemerkt, spielen solche apokalyptischen Lehren im Islam gegenwärtig eine wichtige Rolle. Sie werden in billigen Pamphleten weithin verbreitet und beeindrucken die wundergläubigen Massen. Der amerikanische Religionswissenschaftler David Cook hat sich mit dieser chiliastischen Seite des Islam beschäftigt und die Frage gestellt, wie viel sie mit den Selbstmordattentaten zu tun hat.

Er illustriert diese Verbindung mit dem Hinweis auf den Zusammenhang zwischen Pornografie und sexuellem Missbrauch. Es wäre falsch, einen Kausalzusammenhang zu konstruieren. Aber unleugbar konsumieren viele Täter vor ihrer Tat die entsprechende Literatur. Sie trägt in jedem Fall dazu bei, Hemmschwellen zu senken und Anregungen zu geben.

Die meisten apokalyptischen Szenarien knüpfen sich an Jerusalem. Die Heilige Stadt ist im Besitz einer Atommacht; der Gedanke liegt nahe, dass hier die Apokalypse entbrennt.

Viele Araber lassen sich durch kein Argument von ihrer Überzeugung abbringen, dass alle amerikanischen Präsidenten Juden seien. Das Pamphlet der *Protokolle der Weisen von Zion*, in Europa als antisemitische Fälschung identifiziert, wird im Nahen Osten nachgedruckt: Hier geben die Juden doch selbst zu, dass sie für den Kapitalismus, die Globalisierung und den Kommunismus verantwortlich sind.

Wer jetzt nicht alles daransetzt zu beweisen, dass er zu den wahren Gläubigen gehört, wird mit der großen Masse der Feinde und der Gleichgültigen untergehen. Der Weltuntergang ist eine Metapher für den Zusammenbruch des Selbstgefühls, den narzisstischen Kollaps. Der tröstliche Gedanke, notfalls alle Kränkungen durch den Freitod zu besiegen, schläft in jedem von uns. Wir machen uns selten klar, wie wenig stabil der Schutzwall ist, der uns von solchen Todeswünschen trennt. Psychotherapeuten wissen, dass es wichtig ist, potenzielle Selbstmörder auf ihre Todeswünsche anzusprechen. Aber auch sie müssen immer wieder einen inneren Widerstand niederringen, der ihnen das verbietet. Er sagt ihnen, es sei sicherer, *nicht davon zu sprechen*, denn wer das Thema erwähne, den treffe eine Mitschuld.

Der spektakuläre Suizid ist die einzige Sensationsmeldung, über die zu berichten sich auch die Boulevardpresse verkneift. Zu oft haben solche Berichte auch andere Menschen veranlasst, in den Tod zu gehen. Wie groß die Ansteckungsgefahr durch spektakuläre Suizide ist, zeigt die Selbstmordstatistik nach dem Tod von Marilyn Monroe: Im folgenden Monat stieg sie in den USA um 12 Prozent, in England und Wales um 10 Prozent. Das sind viele hundert Todesfälle.

Todessehnsucht und Selbstmordfantasie sind in der Adoleszenz normal. Sie gehören zur inneren Reaktion auf die massiven seelischen Umgestaltungen der Pubertät und den Berg an Anforderungen des Erwachsenwerdens in einer individualisierten Gesellschaft. In der normalen seelischen Entwicklung gibt es aber immer auch genügend Gegenkräfte, um die Todeswünsche zu neutralisieren. Wenn nun ein Symbol von Liebe und Lust, von sexueller Freiheit, Schönheit und

Grandiosität sich tötet – dann wird es schwerer, sich vorzustellen, dass die eigene Zukunft mehr ist als eine Sammlung von Kränkungen.

7.
Mahmud Ahmed
Marmasch

Am 18. Mai 2001 erhielt die Nachrichtenagentur *Reuter* in Jerusalem ein Videoband. Es zeigte einen jungen Mann mit Bart und gebügeltem Hemd vor einem Poster des Felsendoms in Jerusalem. Die goldene Kuppel leuchtet, und der 22-jährige Obstverkäufer sagt: *Mein Körper wird in wenigen Stunden zu einer Bombe werden, der die Körper der Zionisten, Söhne von Affen und Schweinen, in der Luft zerreißen wird.*[35] Mahmud Ahmed Marmasch war wegen seiner Winterkleidung an einem heißen Frühlingstag aufgefallen. Eigentlich wollte er sich in dem Kaufhaus in die Luft sprengen; so musste er es auf dem Parkplatz tun, als er die Sirene des Polizeiwagens hörte, der durch den dichten Freitagsverkehr nicht vorankam.

Unter einer Wolljacke, die ihm viel zu groß war, trug er einen 25 Kilo schweren Gürtel mit Sprengstoff, Nägeln und anderen Metallteilen. Fünf Menschen außer ihm waren auf der Stelle tot, 109 wurden verletzt.

Vor seiner Tat besorgte Mahmud Ahmed Marmasch süßes Gebäck, das er seiner Mutter mit einem Brief zurückließ: *Wer glaubt, dass Gottes Religion siegen wird ohne heiligen Kampf und ohne Blutvergießen, der lebt in einer Illusion.*

Es ist ein Fall wie viele andere, blutiger als die meisten, umgeben von einer makabren sozialen Dynamik, die fast schon Routine ist. Es gibt jubelnde Nachbarn, die die Familie beglückwünschen. Eine Mutter weint, weil sie ihren Sohn nicht begraben kann[36] und rührt das hinterlassene Gebäck nicht an.

Vor dem Haus der Familie des *Märtyrers* erscheinen maskierte Kämpfer und schießen mit ihren Kalaschnikows in die Luft; Salut für einen Toten, der sich angesichts der Überlegenheit der gegnerischen Armee im offenen Kampf eben gerade nicht dieser Waffe bedienen durfte. Einige Tage später werden aus Kampfhubschraubern der Armee Israels Palästinenser erschossen. Die Hamas beruft eine Versammlung an einem geheimen Ort ein; dort melden sich neue Selbstmordattentäter.

Zwei Details sind eine genauere Analyse wert. Das erste ist der Brief an die Mutter mit dem merkwürdig rührenden Geschenk – Zuckerwerk, eine Liebesgabe, dem Leser der Märchen von 1001 Nacht wohl vertraut. In diesem Brief finden wir die Umkehrung der Argumentation wieder: Nicht der Täter, der glaubt, durch seine wahnsinnige Geste zum Sieg seiner Religion beizutragen, folgt einer Illusion. Nein, die Illusion liegt bei denen, die nicht glauben, die Welt würde sich durch das Opfer junger Männer verändern, die sich an einem belebten Platz in die Luft sprengen.

In dem Brief an die Mutter steht ein ketzerischer Satz. *Wer glaubt, dass Gottes Religion siegen wird … der lebt in einer Illusion!* Damit polemisiert Mahmud Ahmed Marmasch (oder der, der ihm solche Briefe diktiert hat) gegen die Lehre Mohammeds. Der Prophet hat gesagt, dass der wahre Glaube siegen wird. Er hat keine Blutopfer verlangt. Im Grunde nennt Mahmud Ahmed Marmasch seinen Propheten einen Künder von Illusionen.

Das eine Zeit lang gewebte, hoch konspirative Bild der langen und sorgfältigen Vorbereitung des Selbstmordattentäters scheint nach den neueren Beobachtungen nicht zuzutreffen. Es gibt die verschworenen terroristischen Gruppen, die solche Aktionen genau planen, aber es gibt auch spontane Entscheidungen. Wie in anderen Situationen mit einem spektakulären Aspekt bestimmt auch hier Konkurrenz um Aufmerksamkeit das Bild. Strenggläubigen Gruppen (die nur Männer als Märtyrer zulassen) stehen weltliche gegenüber, die junge Frauen als Selbstmordattentäterinnen rekrutieren und den Sprengstoffgürtel als Schwangerschaft tarnen.

Brüche des sexuellen Selbstgefühls

Zu den mosaischen Gebeten gehört der Dank an den Herrn, nicht als Frau geboren worden zu sein. Im Christentum hat sich die Entwertung der Frau in dem Verbot geweihter Priesterinnen niedergeschlagen, im Islam wurde sie durch Bräuche ergänzt, die zu einer nomadischen Kultur passen und die Töchter zu einem sorgfältig gehüteten Besitz der Väter machen.

Es gibt keinen Grund für Juden oder Christen, sich über die Anhänger Mohammeds zu erheben. In der Rhetorik und in der rituellen Praxis aller dieser Religionen sind Frauen das entwertete Geschlecht, nicht das idealisierte. Überall wurde die Emanzipation der Frau *gegen* die Kirchen erkämpft und nicht von ihnen gefördert. Gleiche Entwicklungsmöglichkeiten für beide Geschlechter zu schaffen, ist ein ehrgeiziges und unvollendetes Projekt der Moderne, zu dem sich inzwischen einige christliche, jüdische, aber auch islamische Richtungen bekennen, alle gegen hartnäckige und keineswegs überwundene Widerstände.

Dieses Projekt setzt enorme Kräfte bei beiden Geschlechtern frei. Angesichts der Anforderungen, die eine individualisierte Gesellschaft an unsere Psyche stellt, ist es längst nicht hilfreich genug, aber doch das Beste, was bisher erfunden wurde.

Die islamistischen Extremisten verbindet die Erneuerung sexueller Diskriminierungen. Die Taliban verboten in Afghanistan den Frauen, Schulen zu besuchen, außerhalb des Hauses zu arbeiten und ohne männliche Begleitung einkaufen zu gehen. Als Kemal die Türkei modernisierte, verbot er Fes und Kopftuch. Heute tragen in Istanbul zwar nur wenige Männer wieder den Fes, aber in vielen Vierteln der Stadt sind Frauen zum Kopftuch zurückgekehrt. Immerhin ist es dort möglich, dass *moderne* und *traditionelle* Frauen sich problemlos mischen. Wo die Scharia (die Rechtssprechung nach wörtlicher Auslegung des Korans) wieder eingeführt wird, droht nicht nur Dieben die Amputation der rechten Hand, auch Ehebrecherinnen werden wieder gesteinigt. Allerdings hat der Prophet vier glaubwürdige Zeugen des Ehebruchs gefordert, so dass diese Strafe sehr selten vollstreckt wird.

Wer mit Mitteleuropäern über Reisen in ein traditionell islamisches Land wie den Jemen spricht, wo im Norden und in den Städten fast alle Frauen tiefschwarz verschleiert sind und Touristinnen angestarrt werden, wenn sie kein Kopftuch tragen, hört von Frauen manchmal den Seufzer, sie wollten in einem solchen Land auf keinen Fall eine Frau sein. Aber ist es wirklich so angenehm, dort ein Mann zu sein?

Das kleine Mädchen gewinnt in den meisten Fällen schon früh einen belastbaren Kern, weil es sich mit der Person identifizieren kann, die in aller Regel die erste Begegnung im menschlichen Leben ist: mit der Mutter.

Der kleine Junge identifiziert sich ebenfalls mit der Mutter, doch muss er diese Identifizierung auch wieder aus sich vertreiben, sie in sich bekämpfen, sie in eine Desidentifizierung überführen. Daher ist sein Selbstgefühl weniger belastbar. Während die Frau lernt, aus einer unterlegenen Position das

Beste zu machen, Kränkungen zu verarbeiten und sich durch Bündnisse und Intrigen durchzusetzen, sind Männer auf äußere Erfolge angewiesen und ungeübt, mit Kränkungen fertig zu werden.

Oft klagen muslimische Männer darüber, dass sie zu Hause entmachtet sind und keine Chance gegen die Verbindung ihrer Frauen mit deren Müttern haben. Die Frau wird dem Mann von seiner Mutter ausgesucht, die alle wesentlichen Fragen mit der Mutter der Frau besprochen hat. Wenn es Schwierigkeiten gibt, steht der Mann einer kompakten Wand aus Frauen gegenüber.

Noch im osmanischen Reich spiegelt sich diese Machtverteilung in der Rolle der Sultansmutter, die nach dem Sultan den höchsten Rang am Hof einnimmt.

Der 22-jährige Mahmud, der keine Freundin hat, aber seiner Mutter Süßigkeiten bereitlegt, ehe er sich auf den Weg in den Heldentod macht, ist höchstwahrscheinlich ein muttergebundener Sohn, der in seiner Explosion – *mein Körper wird zu einer Bombe werden* – versucht, die qualvolle Ambivalenz seiner Mutterbindung auszulöschen. Er verschmilzt in der Explosion mit der guten Mutter, vernichtet die böse Mutter, die ihn hindert, autonom zu werden und wird im Paradies entlohnt, ohne sich die Mühe machen zu müssen, auf Erden herauszufinden, ob er sich einer weiblichen Partnerin stellen kann.[37]

Es gibt einige Einwände gegen eine solche Betrachtungsweise. Ist es nicht verwerflich, mit psychoanalytischen Begriffen ein derart grausames Delikt verstehbar zu machen? Dieser Kritikpunkt ist naiv. Was wir verstehen, müssen wir nicht gutheißen und können es unter Umständen auch besser bekämpfen.

Ein zweiter Einwand wiegt schwerer. Ist das nicht westlich gedacht, wird da nicht unser Bild der seelischen Entwicklung, der Partnerschaft, der Liebesbeziehung auf eine ganz andere Kultur gepfropft?

Das moderne Modell der Liebesbeziehung ist heute universell. Es kursiert, vom Bildschirm transportiert, auch in den traditionellen Gesellschaften, es ist als Gedanke da und kann nicht mehr zurückgenommen werden. Deshalb sind Gruppen wie die Taliban so entschlossen gewesen, die Frauen wieder in ihre alte Rolle zurückzuzwingen.

Was also ist es, das dem politisch-religiösen Angebot der *Heiligen Sprengung* entgegenkommt, wie die islamische Rhetorik das Selbstmordattentat nennt? Der Terrorist fürchtet sich vor der Realität einer genitalen Beziehung, in der er sich mit einer Frau und mit Kindern über lange Zeit hin stabil austauschen muss. Er kann die Ängste nicht ertragen, auch einmal schwächer zu sein als eine Frau, was in intimen Beziehungen unvermeidlich ist. Er ist auf die Bestätigung seiner phallischen, erobernden Männlichkeit angewiesen; ohne sie bricht sein Selbstgefühl zusammen.

Das Urbild dieser phallischen Männlichkeit ist Don Juan, der unzählige Frauen erobert, aber bei keiner bleibt, weil er jede so schnell verlassen muss, dass er selbst nie von Verlassenheitsängsten getroffen werden kann. Er verleugnet diese Ängste und kompensiert sie durch eine Größenfantasie.

Der narzisstisch belastete Mann ist schlecht darauf vorbereitet, sich in der Suche nach sexueller Befriedigung an seiner Lust und an den gesellschaftlichen Normen zu orientieren. Das würde ja auf Beziehungen hinauslaufen, die keine Aufwertung, nichts Überoptimales versprechen. Sie würden ein stabiles Selbstgefühl voraussetzen, das nicht den manischen Kick braucht, um dem depressiven Elend zu entgehen.

Ein realistischer Bezug zur eigenen Sexualität (den die Psychoanalytiker als *Bewältigung des Ödipuskomplexes* beschreiben) setzt voraus, dass die Eltern sowohl bewundert als auch kritisiert werden dürfen und klar ist, dass ein Kind auch dann Schutz genießt, wenn es ihnen widerspricht. Freud hat sich in seiner Theorie und auch in seinen Fallgeschichten kaum mit den Persönlichkeiten der Eltern seiner Patientinnen und Patienten befasst. Die Art, in der vom Entdecker des Ödipuskomplexes die ödipale Situation beschrieben wird, ist extrem unvollständig. Dabei gibt es kaum eine reichere Fundgrube für Einsichten in das Unbewusste als die Geschichte der Eltern des Kindes und den sozialen Veränderungen, mit denen sie sich auseinandersetzen mussten.

In Palästina ist heute eine Situation entstanden, die wahrhaft unheimliche Qualitäten hat. Die Perspektive der Palästinenser hatte sich durch das Regime Arafats, der die Ressourcen des Landes vorwiegend in die eigene Machterhaltung leitete, nach der großen Hoffnung auf einen eigenen Staat noch einmal verdüstert. Dass in dieser Situation apokalyptische Strömungen an Macht gewinnen, liegt nahe.

In der israelischen Literatur über die Problematik der Selbstmordattentäter dominieren strategische Motive, die der Hamas, Al Quaida und anderen dem Terror zugeneigten Gruppen unterstellt werden. Es gibt Verführer und Verführte. Das trifft aber nur einen Teil der Wahrheit.

Ein anderer Einwand ist die wachsende Zahl von Frauen, die sich in die Luft sprengen. Sie sind zwar immer noch die absolute Ausnahme, aber sie stehen für die Enttraditionalisierung und kriminelle Energie der betreffenden Gruppen. Da in islamischen Ländern Frauen nur durch Frauen körperlich kontrolliert werden, können sie an Orte gelangen, zu denen Männer mit einem Sprengstoffgürtel keinen Zugang haben; eine vorgetäuschte Schwangerschaft oder die traditionelle *burka* tarnen die Bombe.

Eine ihrer traditionellen Rolle sichere Frau würde diesen Auftrag niemals annehmen; ihre Aufgabe ist es, Leben zu schenken und zu erhalten, nicht zu vernichten. Aber eine nach persönlicher Geltung suchende Frau, die sich mit Männern vergleicht und ebenso phallisch, ebenso angstabwehrend sein will wie diese, wird für solche militärische Aufgaben verführbar sein.

In einem technisierten Krieg trifft von tausend Explosionen oft nicht einmal eine. Daher sind die Kosten pro getötetem Feind sehr hoch. In Vietnam wurden sie schon auf mehrere Millionen Dollar geschätzt. Selbstmordattentäter können viel Schaden anrichten; ihre Explosion ist fast immer genau gezielt, Sprengstoff, Kleineisen und Zünder sind billig. Die Kosten für eines der Opfer liegen im Bereich von einigen hundert Dollar. Die Drahtzieher müssen keinen Verrat fürchten. Die Attentäter geben keine Geheimnisse preis. Ihre Wirkung auf die Medien ist vielfach so, dass ein Schatten auf die Opfer fällt: *Wenn der Täter das Äußerste getan hat, dann müssen sie es doch sein, die ihn dazu gebracht haben!*

Dieser Terror sät Misstrauen und Hass zwischen Bevölkerungsgruppen. Eine zentrale Errungenschaft der modernen Gesellschaft wird aufgegeben. Es gibt keine Freizügigkeit mehr. Nur wer hinter hohen Mauern mit sorgsam bewachten Toren lebt, darf sich sicher fühlen. Viel eher als den *fliegenden Festungen*[38] kann es Selbstmordattentätern gelingen, eine Gesellschaft in das Mittelalter zurückzubomben.

Die Sichtweisen auf die Selbstmordattentate sind politisch unversöhnlich. Was für die eine Seite kriminell und feige ist, wird von der Gegenseite als Ausdruck höchster Gläubigkeit dargestellt. Islamisten versuchen, der zweifelnden Öffentlichkeit ihre Sicht der Dinge zu vermitteln. Sie neigen zu einer Rhetorik, die ihre Motive von aller Pathologie reinigt.

Diese Haltung färbt auf die Berichterstatter über die menschlichen Bomben ab. Nasra Hassan übernimmt in ihrem Bericht eine Perspektive, in der die Täter geradezu als Gegentypus normaler Selbstmörder aufgebaut werden, die dann freilich zur Karikatur geraten.

Zum Selbstmord neigende Personen sind keineswegs *ungebildet, verelendet, unzurechnungsfähig,*[39] sondern dem Bevölkerungsdurchschnitt an geistigen und moralischen Ansprüchen meist überlegen. Sie sind scheinbar angepasst, sind gebildet, Kinder wohlsituierter Eltern – nicht anders als die menschlichen Bombenzünder. Die Selbstmordgefahr ist besonders groß, wenn Menschen hohen Idealen nachstreben, unbedingt beachtet und geliebt werden wollen, nicht bereit sind, Zurückweisungen und Misserfolge in ihr Lebenskonzept aufzunehmen.

Nasra Hassan hat mit einem überlebenden Täter gesprochen. Sie zeichnet die extreme Einengung des Erlebens, die manische Abwehr und die Projektion der Aggression nach außen. *Wir befanden uns in einem Zustand tiefer Andacht. Wir sagten uns, wenn die Israelis wüssten, wie fröhlich wir sind, würden sie uns zu Tode peitschen.*[40] *Es waren die glücklichsten Tage meines Lebens.* So berichtete ein Attentäter, der überlebte, nachdem er – angeblich unheilbar gehirngeschädigt – im Koma seiner Familie zurückgegeben wurde. Er gilt heute in Gaza als Held.

In ihrem Tod setzt die menschliche Bombe ein Zeichen für rücksichtslosen Mut. Unbewusst delegiert sie dem Feind die Schuld, ihn oder sie so weit gebracht zu haben. Es ist schwer, auf einen Toten wütend zu sein. Unsere Tradition gebietet, über die Toten nur Gutes zu sprechen.

Das hängt mit der Vorstellung zusammen, dass sich Tote an den Lebenden rächen, wenn diese nicht ehrfürchtig mit ihnen umgehen. Aber es steht auch für eine existenzielle Scheu. Wer die Grenze zum Tod überschritten hat, den können wir nicht mehr verfolgen und bestrafen. Wir fürchten ihn, wenn wir ihn nicht verehren. Wir fühlen uns ihm gegenüber schuldig – schließlich leben wir noch.

8.
Die Reinigung
des Lebens
durch den Tod

In den Berichten über Atta und über die palästinenischen Selbstmordattentäter erscheint ein auf den ersten Blick nebensächliches Motiv: Die penible körperliche Reinigung vor der Tat. Bereits von den Kamikaze-Piloten wird dieses Motiv berichtet; ihr Kennzeichen war die blütenweiße Stirnbinde.

Wer mit Menschen spricht, die einen Selbstmord planen, begegnet öfter diesem Wunsch nach Reinheit und Perfektion. Alles soll in Ordnung sein. Die Kleidung und die äußere Szene für die Tat werden sorgfältig gewählt. Eine Patientin, die ihren Suizid für einen bestimmten Termin vorbereitet hatte, erkrankte kurz vorher an einer Grippe. Es war ihr sofort klar, dass sie niemals mit einem Schnupfen Selbstmord begehen würde; sie musste dazu völlig gesund und fit sein.

Zu leben, das heißt auch, sich ständig mit Unvollkommenheiten auseinanderzusetzen. Fromme Tabus sind gegen die menschliche Selbstmordfantasie aufgerichtet wie Drogengesetze gegen Heroin. Ein Verbot ist allen Weltreligionen gemeinsam: Der Tod darf nicht dem Willen des Menschen unterworfen sein.

Es ist ein allzu verführerischer Gedanke, sich ein für alle Male von allen Kränkungen und Belastungen zu verabschieden. Der Suizid ist ein Grundrecht, aber auch ein Konstruktionsrisiko der menschlichen Evolution. Wer Einsicht in das eigene Leben, in dessen Entwicklung von der Kindheit zum Alter gewinn, der vermag auch an den Anfang zu denken und an das Ende. Tiere wie Pflanzen leben und sterben, ohne sich selbst in diesem Prozess zu beobachten. Menschen können ihr Leben durchdenken und entscheiden, ob es der Mühe wert ist.

In der seelischen Entwicklung wird der Keim zur Selbstmordfantasie während jener Strukturierungsprozesse gelegt, für die Freud das Modell der *analen Phase* entworfen hat. Es geht darum, dass das Kind schrittweise lernen muss, nicht mehr alles Eigene gut zu finden, eben weil es gar nicht zwischen gut und böse, sauber und schmutzig, erlaubter und unerlaubter Lust unterscheidet.

Freuds Modell veranschaulicht nicht nur seelische Probleme; es mobilisiert zugleich mit dieser Anschauung auch ein wenig von den beteiligten Gefühlen. Müssen wir wirklich in unserem sauberen wissenschaftlichen Diskurs an solche schmutzigen Einzelheiten denken? An unbefangen kotschmierende Kinder und den Schock der Eltern? An die *Sauberkeitserziehung* und die mit ihr verknüpften Versuche, den Willen des Kindes zu brechen, es durch Lob gefügig, durch Strafe gehorsam zu machen? Ihm beizubringen, was brav und frech, was gut und böse ist, ihm etwas einzuimpfen, was weit über unseren Egoismus als Eltern hinausgeht, was göttliches Gesetz ist?

In der analen Phase wird der Grundstein für die Stützen der narzisstischen Grandiosität gelegt, deren Stabilität über die Festigkeit des Selbstgefühls entscheidet: den *Erfolg* und die *Beziehung*. Ein Kind, dem es gelingt, die Anpassungsforderungen zu erfüllen und seine Wut über die Einschränkungen seiner Autonomie zu verarbeiten, kann in eben diesem Erfolg sich selbst auch als beziehungsfähig erleben. Ein Kind, das an einer Erziehungs-Überforderung scheitert, erlebt sich Verlassenheitsängsten ausgeliefert und wird depressiv.

Die frühen Phasen der Entwicklung sind verwundbar, wobei sich die Tiefe solcher Verletzungen im Alltag nur selten erschließt. Wie können wir Kinder beschreiben, die heranwachsen, obwohl sie keinen durch die Einfühlung und Verlässlichkeit der Eltern beschützten Raum erlebt haben, in dem sich ihre Bedürfnisse erst einmal ungestört und akzeptiert entfalten konnten?

Wir finden eine Unfähigkeit, sich zu freuen, Einschränkungen der Fähigkeit zu emotionalen Bindungen, zu Einfühlung und zu einer befriedigenden Kontaktaufnahme nach außen. Nach schlechten Erfahrungen mit Strafen und Liebesentzug werden die intensiven Aggressionen, die sich gegen die bösen Elternbilder richten, mühsam kontrolliert. Nur hohe Ideale und größte Ziele können die Wunde des Selbstgefühls plombieren. Der Alltag scheint sinnlos, leer, die Freundschaften oberflächlich.

Fanatismus und Analität

Fanatismus ist eine der wichtigsten Möglichkeiten, eine solche Störung sozial umzusetzen. Die Orientierung an einer überwertigen Idee, die alle anderen Gedanken zur Belanglosigkeit verblassen lässt, wertet das verarmte Ich auf und gibt ihm durch die Möglichkeit, sich einem Ideal zu unterwerfen, das mit anderen geteilt wird, ein Stück seiner verlorenen Kontaktfähigkeit zurück. Solche Mechanismen sind es, die die kleinen Gruppen von Menschen mit einer problematischen Bindungsfähigkeit festigen, aus denen das Ideal der Rache eine verschworene Terrorgruppe schweißt.

Dass die Todessehnsucht Regressionsabsichten enthält, ist einem nachdenklichen Betrachter schnell klar. Wir können keinen seelischen Zustand fassen, den wir noch nie erlebt haben. Was wir als Erlösung, als Paradies, als Wonne imaginieren, ist immer ein Konzentrat vergangener Lust, überhöht durch eine Befreiung von allen Beeinträchtigungen – eben jenen Pfeilen und Steinen, die das Geschick so reichlich zur Hand hat, um uns aus unseren Glücksgefühlen zu vertreiben.

Auf die Frage, was ihn am Märtyrertum reize, sagte einer der Gesprächspartner von Nasra Hassan: *Die Macht des Geistes zieht uns nach oben, die Macht des Materiellen zieht uns nach unten. Wer unbedingt Märtyrer werden will, ist immun gegen die Macht des Materiellen.*[41]

Diese Aussage ist unter psychoanalytischen wie unter geistesgeschichtlichen Aspekten gleich interessant. Sie enthält einmal die elementare Spaltung der analen Phase zwischen oben und unten, gut und böse, erwünscht und unerwünscht, zwischen der Reinheit und dem Schmutz. Und sie greift den Dualismus auf, der seit Pytagoras und Platon einen Teil des abendländischen Denkens bestimmt. Darin gibt es ein gutes Prinzip, das männlich, geistig, lichthaft und dem Göttlichen nahe ist; ihm steht ein schlechtes Prinzip gegenüber, das weiblich, materiell, dunkel und dem Teufel nahe ist.

Die Frage liegt nahe, ob die missionarische Energie der Christen und der Muslime ihrer Nähe zu diesen leibfeindlichen Traditionen entspringt. Denn wer seinen Körper als Grab der Seele hasst, wer meint, ihn durch rituelle Waschungen und Fasten reinigen zu müssen, der kann es gewiss schlecht ertragen, wenn um ihn herum die Heiden ihren Lüsten nachgehen, ungesäubert, ungefastet, in fröhlichem Einklang mit ihren Wünschen.

Daher müssen diese Heiden *bekehrt* werden, sie müssen den wahren Glauben annehmen, sie müssen aus ihrem bequemen Heidenleben vertrieben werden wie die Missionare selbst aus ihrer Kindheit. Sie müssen reale Schmerzen und Versagungen ertragen, werden aber durch eine Illusion paradiesischer Zustände belohnt, die sie – wenn sie nur ganz gehorsam sind – im Jenseits finden werden.

Ob christliche Kreuzfahrer oder arabische Gotteskrieger ihr himmlisches Jerusalem predigen und erobern, ihre Opfer sind häufig Menschen, die gerne auf solchen Fanatismus verzichten würden, wenn sie das nur in Ruhe tun dürften.

Der Neid ist ein zentraler Affekt der analen Phase. Er spielt in allen faschistischen Diskursen eine große Rolle. Wer nicht der eigenen Gruppe angehört, muss minderwertig sein und darf nichts behalten, was besser ist als das, was man selbst hat. Der Neid trägt auch die typische Parasiten-Projektion. Wer sich über einen Parasiten beklagt und ihn mit Hasstiraden verfolgt, spricht fasst immer aus Neid: Er möchte selbst ausnützen, Vorteile ergattern, Zuwendungen bekommen, die ihm nicht zustehen.

Der deutsche Nazi, der den *rassefremden Parasiten* anschuldigte, ihn auszusaugen, war oft ein arbeitsscheuer Mann, dem es nach dem Eigentum des jüdischen Mitbürgers gelüstete.

Dieser auf materielle Güter gerichtete Neid ist leichter verständlich, aber harmloser als der viel tiefer reichende und energischer geheim gehaltene Neid auf das Glück, die Lust, die entspannten sozialen Beziehungen anderer Menschen. Dieser Neid führt zu Entwertungsgefühlen, deren einzige Lösung die destruktiven Formen des Narzissmus sind: der pharisäische Dünkel, der Kannibalismus und die apokalyptische Explosion, die *Endlösung*.

Blut

Die Fantasie der Explosion wurzelt in der Spannung zwischen Fantasien von Reinheit und überlegenem Wert, die von der Lebensrealität schmerzlich enttäuscht werden. Sie wird zum regressiven Wunschtraum der von ihrem unerfüllbaren Reinheitsideal geplagten Anhänger körperfeindlicher Religionen. In der Explosion wird das an seiner Unvollkommenheit leidende, sündhafte Ich erlöst und der Hass auf die Umwelt befriedigt. Die quälende, immer scheiternde Mühe, ganz auf die reine Seite zu geraten, wird endlich von einem Erfolg gekrönt. Der Täter löst sich auf in Gott.

Die im Islam verbreitete Blutmystik ist ein Gegenstück zu der Schamhaftigkeit gegenüber den Ausscheidungen. Das Blut der Märtyrer reinigt nicht nur sie, sondern auch alle ihre Angehörigen von allen Sünden, die sie jemals begangen haben.

Nasra Hassan berichtet von einem Imam, der an der Al-Azhar-Universität in Kairo studiert hatte, die heute als die führende Schule des sunnitischen Islam gilt. Dieser behauptete, dass bereits der erste Tropfen Blut eines Kämpfers im Dschihad alle Sünden von diesem nimmt. Der Märtyrer geht sofort in das Paradies ein und wird von 72 Huris – den Paradiesjungfrauen, die wunderschön sind – bedient. Beim jüngsten Tag darf er Fürsprache für 70 seiner Freunde und Verwandten[42] halten, die dann auch ins Paradies kommen.

Die Blut-Mystik spielt immer dann eine Rolle, wenn es um eine *heilige Sache* geht. Die Bereitschaft, *Blut zu vergießen* ist ein urtümliches Stärkeritual und zugleich ein Symbol für den narzisstischen Aspekt der menschlichen Triebhaftigkeit. Wer eine Ader öffnet, ist bereit, die Grenze zu überschreiten, die zwischen Leben und Tod besteht. Er setzt sich über alle Ängste und Rücksichten hinweg.

Wenn Blut fließt, alarmiert das eine menschliche Tiefen-
schicht, die jene Personen andeuten, die bei diesem Anblick
in Ohnmacht fallen. Blut ist kostbar; wo es sichtbar wird, droht
Gefahr, dass etwas verloren geht, was nicht entbehrt werden
kann.

Wie mächtig diese emotional fundierten Haltungen sind,
zeigt die individuelle und rituelle Aufregung, die um die weiblichen Blutungen entsteht. Für unvorbereitete, einer leibfeindlichen Erziehung ausgesetzte Mädchen ist die erste Periode oft
ein Schock. Sie fürchten zu verbluten. Menstruationsschmer-
zen sind ebenso weit verbreitet wie Rituale, die die blutende
Frau *reinigen* und ihre Umwelt vor dem angeblich giftigen Blut
schützen sollen.

Seltener ist der Neid auf die Frau, die sich durch ihre Fähigkeit, periodisch zu bluten, selbst reinigen kann. Er drückt sich
in dem Ritual der australischen Aborigines aus, als Mannbar-
keitszeichen den Penis nicht nur – wie so viele Stämme – zu
beschneiden, sondern ihn aufzuschlitzen, um ähnlich bluten
zu können wie die Frauen.

Die Angst, jene Gefäße zu verletzen, die das Blut unsichtbar
im Körperinneren halten, ist ein Zeichen seelischer Normalität. Das Blut wird im gesunden Erleben als Kostbarkeit wahrgenommen, die im Körperinneren eingeschlossen bleiben
muss und auf die niemand ein Anrecht hat. Diese emotionale
Grundeinstellung kann in manchen kulturellen Konventionen
forciert werden (wie bei religiösen Gruppen, die ihre Kranken
lieber sterben lassen, als eine Bluttransfusion zu dulden), viel
öfter aber wird sie als Zeichen von Schwäche demontiert.

Es gibt ein soziales Muster, das dem mehr Macht gibt, der
diese Macht destruktiver handhabt. Es lässt sich mit dem
Sprichwort illustrieren: *Der Klügere gibt nach!* Diese Nachgiebigkeit ist gut, wenn die vernünftigere Entscheidung auch tat-

sächlich dazu führt, dass insgesamt etwas Vernünftiges geschieht. Sie wird destruktiv, wenn auf diese Weise jemand mehr Macht bekommt, weil er mit einer Begrenzung seiner Macht zerstörerischer umgeht. Wenn beispielsweise die Ehefrau weiß, dass ihr Mann bei einem Konflikt zuschlägt und deshalb nachgibt, wird die Ehe zerstört: Das destruktive Beziehungsmuster überlagert das konstruktive.

In Familien, in Teams, in Betrieben, überall gibt es Personen, die eine destruktive Macht durch ihre Bereitschaft gewinnen, einen Konflikt mit allen Mitteln auszutragen. Sie drohen mit Gewalt, mit Beziehungsabbruch, mit Selbstmord und dominieren auf diese Weise Personen, die sich vernünftig fragen, ob die Angelegenheit nicht anders geregelt werden kann als durch Dominanz bzw. Nachgiebigkeit.

Die Bereitschaft, Blut zu vergießen, gehört in diesen Kontext. Einem brutalen Schläger ist es egal, was mit den Menschen geschieht, die er verprügelt. Ihm Spielräume zu gewähren und ihn nicht sofort dem Gewaltmonopol auszuliefern ist nur scheinbar eine menschliche und liebevolle Lösung. In Wahrheit handelt es sich um einen Mangel an Zivilcourage.

Oft spielt heimliche Komplizenschaft eine Rolle. Wer angesichts von Faustrecht darauf verzichtet, die Polizei zu seinem Schutz zu beanspruchen, rechnet sich einen Vorteil gegenüber dem Täter aus. Wer narzisstisch sehr bedürftig ist, kann sich auch durch die Opferposition gegenüber dem erklärten Bösewicht aufwerten.

In allen faschistischen Bewegungen wird die Bereitschaft kultiviert, Blut für einen Führer zu vergießen, der sich nicht legitimieren muss, weil aus ihm Nation, Gott, Vorsehung sprechen. Wenn diese Haltung nicht kritisiert, sondern bewundert wird, entwickelt sich die Zivilisation zurück in ein Chaos des Faustrechts.

Der *Blutbrunnen* mit rot gefärbtem Wasser in Teheran, die *Blutfahne* und der *Blutorden* der Nazi-Partei, die Symbole blutiger Justiz bei den italienischen Faschisten[43] signalisieren destruktive Entwicklungen in einer Kultur. Wer Blutvergießen billigt oder idealisiert, der zeigt, dass er menschliche Wirklichkeiten missachtet und sich nicht mehr an der Einfühlung in die lebende Kreatur orientiert. Sein Narzissmus ist explosiv geworden. Er durchdringt die empfindsame Haut seiner Nächsten im Dienst einer Macht-Projektion, um sich auf ihre Kosten auszudehnen.

Analität und Isomorphie

In der menschlichen Kindheit prallen Kultur und Triebhaftigkeit aufeinander. Es entstehen Verletzungen, Kompromisse, Überlebenstechniken. Die Religionsstifter haben durchweg versucht, sich ein Konfliktpotenzial zu Nutze zu machen, das dadurch entsteht, dass ein schwaches, abhängiges Kind mit einer entwickelten, aber unfertigen Intelligenz gezwungen ist, sich mit den Werten der Erwachsenen auseinanderzusetzen.

Das Kind ist nicht fähig, die Ansprüche der ihm so wichtigen Erwachsenen zu kritisieren. Es braucht Schutz, um brauchbare Kompromisse zu finden, seine Bedürfnisse nicht zu verdrängen und doch in die Kultur hineinzufinden. Je weniger Schutz es erhält und je komplizierter diese Kultur geworden ist, desto stärker wird das keimende Ich verletzt und mit ihm die reflektierende Kraft des Kindes und damit seine Fähigkeit, eigene Schlüsse aus seinen Wahrnehmungen zu ziehen.

Auf Traumatisierungen reagiert das Ich unter anderem mit einer Verstärkung des Isomorphie-Strebens. Isomorphie, zu Deutsch Gleichförmigkeit, wird zu einem übersteigerten – einem fanatischen – Bedürfnis, wenn der menschliche Organismus in seinem Streben nach Sicherheit und Gleichgewicht überfordert wurde.

Menschen, die auf negative Reize mit besonders heftigen körperlichen Zeichen von Angst reagieren, neigen nach Studien an der Universität von Nebrasca[44] häufiger zu militaristischen und faschistischen politischen Werturteilen als Personen, die nicht so viele Ängste kontrollieren müssen. Sie sind eher für die Todesstrafe, für hohe Militärausgaben, für Verbote von Schwangerschaftsunterbrechungen und von Ehen Gleichgeschlechtlicher.

Wenn uns im Wald ein umgestürzter Baum den Weg versperrt, suchen wir einen Durchschlupf neben dem Pfad. Wir fangen nicht an, gegen den Stamm anzurennen und uns den Kopf an ihm blutig zu stoßen. Wir bleiben nicht stehen und warten, bis jemand kommt und uns hilft. Wir kehren nicht um.

Um derart irrational und selbstschädigend auf ein Hindernis zu reagieren, müssen wir einmal von einem Hindernis so verletzt worden sein, dass wir nicht mehr in der Lage sind, unsere seelischen Fähigkeiten frei einzusetzen. Daher interpretieren wir das Hindernis in einer Weise, die aus dem lösbaren Problem eine Feindschaft des Schicksals macht, die wir entweder mit aller Anstrengung bekämpfen oder vor der wir hilflos verzagen müssen.

Unbefangen erlebte Bedürfnisse lassen uns nach einer konkreten Befriedigung suchen. Sie unterstützen das forschende Ich darin, Vollkommenheitsansprüche schrittweise aufzugeben, um nicht leer auszugehen. Wenn das feine Lokal geschlossen hat, stehe ich nicht weinend davor und faste, bis es öffnet. Ich gehe in die Kneipe an der Ecke oder schaue in den Kühlschrank zuhause.

Narzisstisch besetzte, idealisierte Bedürfnisse erkennt man am *Alles-oder-nichts*-Prinzip. Entweder finde ich den Partner, der mich durch seine Liebe aufwertet, oder ich gebe jede sexuelle Aktivität auf. Die Isomorphie zwischen meiner Erwartung und ihrer Erfüllung muss vollständig sein, sonst bin ich vernichtet, kann mein Selbstgefühl nicht festigen.

Bei autistischen Kindern sind diese Isomorphiebedürfnisse so ausgeprägt, dass lebende Menschen eher als Angstquelle wahrgenommen werden. Zuflucht bieten streng konstant und kontrollierbar gehaltene Teile der Außenwelt wie ein Spielzeug, das unaufhörlich überwacht wird. Durchbricht ein Reiz diese Schranken, setzt panische Angst ein, die bis zur Selbstbeschädigung gehen kann. Naturgemäß fällt es solchen Kindern sehr schwer, sprechen zu lernen oder normal zu spielen.

Auch bei schweren autistischen Störungen gibt es fast immer gesunde Anteile, auf denen eine Entwicklungsförderung aufbauen kann. Umgekehrt sind auch bei normalen Menschen solche autistischen Anteile nachweisbar, sie werden aber durch andere Einflüsse neutralisiert und gewinnen nicht so viel Macht über das Leben. Das Schaukeln alleingelassener Kinder, das Bedürfnis, dass mein Zimmer, mein Schreibtisch *richtig* aufgeräumt ist, ehe ich anfangen kann zu arbeiten – sie zeigen die fortbestehende Macht der autistischen Bedürfnisse nach Isomorphie.

In vielen Liebesbeziehungen führt das Isomorphiestreben zu massiven Schwierigkeiten, weil sich ein Partner nicht ändern, nicht aus dem vorgegebenen Bild hinausentwickeln darf. Wenn er/sie nicht mehr so ist, wie ich immer geglaubt habe, dass er/sie es sei, muss beseitigt werden, was dem Isomorphiebedürfnis widerspricht, sonst überwältigt die Angst das Ich. Die Isomorphie ist eine elementare Sicherheitsgarantie, sie erbt die Affekte, die in unseren neurologisch verankerten Beziehungsmustern dem Erhalt der lebenswichtigen Mutter-Kind-Beziehung gelten.

Je weniger Schutz ein Mensch erlebt, desto mehr wächst sein Isomorphie-Bedürfnis, desto weniger kann er ertragen, was anders ist als erwartet, was seine Grenzen durchdringt. Desto weniger kann er auch lernen. Dabei entstehen durch das Isomorphie-Bedürfnis selbst neue Verletzungen. Wer seinen Liebespartner bekämpft, weil dieser in einem Detail anders ist als erwartet, verliert den liebenden, unvollkommenen Menschen, den er für sich gewonnen hatte. Er war bereit, ihn zu begleiten, wenn auch nicht mit ihm zu verschmelzen.

In emotionalen Beziehungen wird die Isomorphie in dem Bedürfnis nach einem Selbstobjekt fassbar. Das Selbstobjekt ist eine andere Person, die zur Stabilisierung des Selbstgefühls unentbehrlich ist. Solche Beziehungen werden von dem alten Wort *Hörigkeit* gut erfasst. Kinder müssen sich fügen und notfalls erniedrigen, um den Schutz ihrer Eltern nicht zu verlieren. Wenn aber ein Erwachsener mit Selbstmord droht, um eine Beziehung nicht zu verlieren, dann ist das nicht mehr normal.

Wenn sich die Hörigkeit nicht auf einen Menschen, sondern auf einen Gott richtet, gewinnt das Individuum seine Autonomie zurück. Dieser Gott ist die Projektion eines Selbstobjekts in eine metaphysische Welt. Der gemeinsame Gott als Idealbild formt den Zusammenhalt einer Gruppe; sein überzeugender Prophet kann in wenigen Jahrzehnten aus untereinander verstrittenen Clans von Hirten und Händlern ein schlagkräftiges Heer machen. Dieses zieht aus, um seinem Gott und möglichst vielen anderen kräftigen Eigennutz und Beuteerwerb aufzuzwingen.

Wenn dieser Triumphzug aufgehalten wird, sich gar in eine Niederlage zu verwandeln droht, ist die seelische Not groß.

Das göttliche Selbstobjekt kann nicht aufgegeben werden, aber die entstehenden Aggressionen müssen in irgendeiner Form verarbeitet werden. Der große, gütige Allmächtige ist unantastbar. Angegriffen werden können die Gläubigen, die zu schwach sind, den Siegeszug ihres Gottes weiter zu fördern, oder aber die Ungläubigen, die der Heilslehre noch widerstehen.

Die bei einer Verletzung der Isomorphie entstehenden Gefühle lassen sich als ein Gemisch aus Angst und Wut beschreiben. Die meisten Säugetiere fürchten sich in irgendeiner Form vor allem, was sie noch nicht kennen – es könnte gefährlich sein. Die Gefühle von Angst und Wut entsprechen den elementaren Reaktionen von *Flucht* vor dem Unbekannten ins Bekannte, oder *Kampf*, um das Unbekannte aus dem Bekannten zu vertreiben.

Das gesunde, gut mit Reizschutz versorgte Kind *interessiert* sich für das Unbekannte und erforscht es neugierig. Das traumatisierte Kind, dessen Reizschutz durchbrochen wurde, *fürchtet* sich vor dem Unbekannten und klammert sich an die vertrauten Personen. Diese Reaktionsmodelle sind hartnäckig und gelten mit einigen Abwandlungen auch für Erwachsene und für Kulturen. Wer traumatisiert wurde, wird unfähig, sich neugierig dem Unbekannten zuzuwenden.

In großen sozialen Systemen können religiöse Vorstellungen und Mythen über Gut und Böse (die gute und die böse Rasse, die wertvolle und die feindliche Nation) traumatisierten Individuen und Gruppen solchen Halt bieten. Sie klammern sich an sie und können keine Neugier, sondern nur Wut gegen das Fremde entwickeln.

Je mehr traumatische Einflüsse ein Individuum oder eine Gruppe verarbeiten muss, desto mehr wächst auch das Bedürfnis nach Isomorphie. Historische Entwicklungen, wie das

Erstarken von Nationalismus und Rassismus nach Niederlagen, lassen sich damit verknüpfen. Isomorphie-Bedürfnisse nehmen parallel zur Unübersichtlichkeit und zum kulturellen Druck zu.

Je komplexer kulturelle Systeme werden, desto mehr Normierungen und Vereinheitlichungen müssen sie auch entwickeln. In schriftlosen Gruppen verändert sich in wenigen Jahrzehnten der Wortschatz dramatisch. Das haben vergleichende Studien der Sprache australischer Aborigines von den ersten Wörterbüchern der Missionare bis in die Gegenwart gezeigt.

Die in unserer nervösen Struktur verankerten Mittel, Beziehungen zu den überlebenswichtigen Personen der frühen Umwelt zu festigen, sind Einfühlung und Identifizierung. Beide beruhen auf Isomorphien, die inzwischen in Ansätzen auch durch Forschungen an den so genannten Spiegelneuronen nachgewiesen sind: Wenn wir eine Person in einem bestimmten Gefühlszustand – Wut, Begeisterung, Trauer – wahrnehmen und uns in sie hineinversetzen, werden in unserem Nervensystem dieselben Bezirke aktiv wie bei dem Menschen, auf den wir uns beziehen.

Diese Bezogenheit führt dazu, dass Kränkungen in Familien und Gruppen *überliefert* werden. Das Kind nimmt auf, in welcher Stimmung, mit wie viel Schmerz und Angst bestimmte Begriffe in der Rede der Eltern besetzt sind. Das Trauma, beispielsweise die Vertreibung, bildet sich in den Kindern tiefer und mächtiger ab, da sie über weniger bewusste Gegenkräfte verfügen und die Realität der Bezugspersonen die einzige Realität ist, die sie kennen. Umgekehrt lassen sich die Eltern im Kontakt mit den Kindern gehen. So treten ihre Affekte im geschützten Raum der Familie mehr an die Oberfläche als gegenüber der Welt außerhalb, welche die Erwachsenenrolle festigt. Das Kind reagiert, als ob es Verletzungen der Eltern durch ein Vergrößerungsglas wahrnähme.[45] Es wird von den Erlebnissen berührt, die sich im Hintergrund der elterlichen Psyche abspielen.

Solche in der psychoanalytischen Forschung dokumentierten Einflüsse sind wichtig genug, um sie festzuhalten. Sie erinnern daran, wie viel die Kindheit für die späteren Fähigkeiten der Kränkungsverarbeitung bedeutet. Doch geht die Entwicklung in der Moderne von den Einflussmöglichkeiten der Eltern und möglicherweise sogar der Menschen fort, zu einer stärkeren Macht der Dinge und der Medien, die narzisstische Fantasien stimulieren, erhalten und lenken.

9.
Eine kurze Geschichte der Explosion

Der moderne Terrorismus wird durch das Zusammentreffen von zwei Kräften erzwungen: den zunehmenden Störungen des Selbstgefühls auf der einen Seite, den technischen Möglichkeiten der Explosivstoffe auf der anderen. Es ist wie beim Bau eines Tunnels. Wenn sich die Grabenden in der Mitte treffen, ist etwas Neues entstanden. Während beim Straßenbau ein Fest gefeiert wird, gehört zum explosiven Narzissmus der Schrecken, der Terror.

Lange Zeit war die *Explosion* der Schrecken. Die Menschen beteten zu Göttern, die sie als Herren über Blitz und Donner sahen. Wenn der Blitz in eine Pappel fährt, explodiert der Baum; die Rinde reißt auf, Holzsplitter schießen meterweit durch die Luft. Es ist ein Schauspiel, das dem Betrachter Furcht einflößt, ähnlich wie das Feuer, das solchen Einschlägen folgen kann. Die Angst vor dem Feuer zu kontrollieren, sich ihm zu nähern und es schließlich zum Werkzeug zu machen, war eines der einschneidenden Ereignisse im Tier-Mensch-Übergangsfeld.

Typisch für den Menschen ist das behaltene, später das eigens gefertigte Werkzeug. Und von allen seinen Werkzeugen ist das Feuer jenes, das denjenigen, der es nutzen will, zu dieser Erhaltungsarbeit zwingt und sie ihm reichlich lohnt, wenn er sie leistet. Hat also der Mensch das Feuer gezähmt, oder das Feuer ihn? Wir wissen es nicht, und die Frage ist müßig wie jede Frage nach dem Henne-Ei-Modell. Der Mensch hat gelernt, das Feuer zu erhalten. Und indem er es erhielt, lernte er auch, was Kultur ist: nicht mehr hinter den einmal erreichten Besitz zurückzufallen, sondern ihn zu pflegen und auf ihm aufzubauen.

Vermutlich hat das Feuer unsere Ahnen im Übergangsfeld von Vormensch zu Homo sapiens lange Zeit geängstigt. Wer sich einem Waldbrand nähert, muss seine Angst vor einer großen Gefahr bewältigen; wer ein Feuer nährt, muss seine Angst so weit beherrschen, dass er sich vor der Glut nicht fürchtet, dass er erkennt, welche Teile eines brennenden Holzes er berühren kann und welche nicht.

Diese Fähigkeit, Ängste zu beherrschen und sich an Zielen zu orientieren, ist ein Motor der geistigen Entwicklung. Das Feuer hat sie in Gang gesetzt. Insofern enthält sogar eine evolutionstheoretisch abstruse Vorstellung von Sigmund Freud einen sinnvollen Hinweis. Sie besagt, die Urmensch-Männer, denen der Begründer der Psychoanalyse die Zähmung des Feuers zuschreibt, hätten diese erst leisten können, als sie lernten, den Impuls zu kontrollieren, es mit dem Harnstrahl zu löschen.

Die Explosion ist ein Kind des Feuers. Wenn die Hitze eine Harzblase erreicht, die sich im Fraßgang einer Käferlarve in einem Pinienstamm gebildet hat, kracht es in der Glut, Funken stieben, brennende Holzsplitter schießen durch die Luft. Viele Jahrtausende haben die Menschen diese kleinen Explosionen betrachtet.

Die ungerichtete Ausdehnung nach allen Seiten war dafür verantwortlich, dass die Explosion sehr lange Zeit gefürchtet blieb.

Durchdacht und systematisiert wurde der kriegerische Einsatz von Feuer im Schiffskampf und in der Belagerung. Genaue Forschungen[46] haben allerdings gezeigt, dass das legendäre *griechische Feuer*, mit dem Ost-Rom seine Gegner in Schach hielt, ein Brandsatz, aber kein explosiver Stoff war.

Die Militärgeschichte zeigt auch, dass der Flammenwerfer älter ist als die Kanone. Bereits in der Antike rüsteten Griechen und Römer ihre Schiffe mit solchen Apparaten aus. Dabei hielt ein Gestell auf einer drehbaren Lafette einen mit Harz, Erdöl, Kohlenstaub, Schwefel und anderen leicht entzündlichen Materialien gefüllten Kessel oder Topf. Dahinter waren starke Blasebälge angebracht. Normalerweise brannte das Feuer in dem Topf nach oben; durch den Luftzug der Blasebälge konnte es zu größter Hitze angefacht und in einer viele Meter langen Flammenzunge auf ein gegnerisches Schiff gerichtet werden.

Die entscheidende Erfindung, um von der Kontrolle über das Feuer zu einer Kontrolle der Explosion fortzuschreiten, war die Entdeckung von Nitrat (Salpeter): eines Materials, das Sauerstoff in gebundener Form enthält und daher, innig mit anderen brennbaren Stoffen vermischt, in einem Blitz abbrennt und dabei sein Volumen durch die Vergasung extrem schnell vergrößert.

Schwarzpulver, wie es Schüler noch heute im Chemieunterricht herstellen, besteht zu zwei Dritteln aus Nitrat, dem ein Sechstel Schwefel und ein Sechstel pulverisierte Holzkohle beigemischt sind. Dieses Pulver explodiert umso schneller, je feiner es aus der »Pulvermühle« kommt, in der die einzelnen Grundstoffe miteinander verrieben werden.

Es gibt keinen Stoff, der die Menschheitsgeschichte so verändert hat wie diese Mischung. Urkundlich dokumentiert sind die ersten Kanonen in Italien (Florenz), Frankreich, Deutschland und England in der zweiten Hälfte des 14. Jahrhunderts. Die Feuerwaffen entwickelten sich rapide und trugen zu den Siegen der Europäer über den Rest der Menschheit mehr bei als alles andere.

Die Feuerwaffe setzte sich vor allem deshalb durch, weil die Munition so viel billiger und einfacher zu transportieren war.

Fortschritte in der Metallurgie hatten im 16. Jahrhundert dazu geführt, dass Blei für ein paar Pfennige zu haben war; Salpeter, Holzkohle und Schwefel kosteten ebenfalls nicht viel und waren leicht zu beschaffen. Das Feuerrohr war für ein Zehntel des Preises einer guten Armbrust zu haben.

Zur Psychologie der Explosion

In den Stammeskulturen des Nordjemen, in denen Männlichkeit und Bewaffnung identisch sind, tragen fast alle Erwachsenen eine Kalaschnikow. Die Väter trugen noch Repetiergewehre, ihre Väter die schönen arabischen Flinten, deren Väter Lanze und Schwert. Im Mittelalter bedeutete *Gewehr* ein Schwert (im *Seitengewehr* hat sich diese Sprachform erhalten). In der Moderne ist das Gewehr eine Feuerwaffe.

Das Gewehr der Moderne verbindet zwei Techniken, die gegen Ende des Mittelalters bereitlagen: Die Möglichkeit, Energie zu speichern, wie die Spannung des Bogens bei der Armbrust, und die Kraft des Feuers. Das schwarze Pulver sieht harmlos aus. Es unterscheidet sich kaum von gemahlener Holzkohle, wenn ich eine Probe davon in ein Feuer werfe.

Aber während ein Funke verglimmt, den ich in eine dicht in ein eisernes Rohr gepresste Masse aus gemahlener Holzkohle werfe, wird derselbe Funke bei einem mit Pulver gefüllten Rohr eine ohrenbetäubende Explosion auslösen und eine Steinkugel mit zerschmetternder Wucht gegen ein Festungstor treiben. Es ist die Verbindung einer Chemikalie, die Sauerstoff abgibt, mit *normalen*, brennbaren Stoffen, die die Erfindung des Schießpulvers ausmacht.

Wer diese Erfindung kennt, kann in Sekundenschnelle etwas auslösen, in Gang setzen und gegen seine Feinde richten, das unendlich mehr Kraft hat als er selbst. Dieses Mehr an Kraft, um Wehrhaftigkeit und Macht zu gewinnen, ist ein uralter Menschheitstraum. Seit Homers Epen und der sumerischen Sage von Gilgamesch träumten die Menschen von Mitteln, ihre Stärke zu steigern. Die Abstammung von einem Gott (wie bei Herkules), das Bad im Drachenblut, der Genuss magischer Pflanzen, besonderer Nahrung (der *starke Hans* in Grimms Märchen wird von einem Riesen gestillt) werden als magische Hilfsmittel genannt. Schneller wirken Ringe und Gürtel, die *Zwölfmännerstärke* verleihen.

Es geschieht selten, dass Märchenträume wahr werden, im Gegenteil: Die Geschichte entzaubert sie. *Aber was die magische Kraftsteigerung angeht, hat die Entdeckung der Explosion zu einer immensen seelischen Veränderung des Menschen geführt.* Die Explosivstoffe wurden ein Mittel, Träume von magischer Kraftsteigerung tatsächlich zu erfüllen.

In der scheinbaren Beherrschung von Explosionskräften fantasieren wir eine eigene Kraftsteigerung. Während der Bogen unter dem Aspekt seiner latenten Folgen für die menschliche Psyche die Qualitäten des Ertragens von Spannung und des Loslassens im richtigen Augenblick fördert, ist die Feuerwaffe ein Werkzeug der Regression in die Analität. Sie kracht, stinkt, gewährt sadistische Befriedigungen, Gefühle der Überlegenheit, der Kontrolle über die Umwelt. Es ist nicht mehr die eigene Kraft, die riskiert werden muss, um zu verletzen und zu töten, sondern die entfesselte Energie der Explosivstoffe. Mit dieser Erfindung identifiziert sich eine Kultur, die von ihren Dummen abschätzig sagt, sie hätten das Pulver nicht erfunden.

Der Analytiker kennt diese explosive Analität aus der Arbeit mit zwanghaft-narzisstischen Persönlichkeitsstörungen. Während einem nachdenklichen Erwachsenen klar wird, dass er selbst und seine Umwelt sich nur langsam und in kleinen Schritten (wenn überhaupt) zum Besseren verändern, hoffen diese Personen immer, dass plötzlich ein Durchbruch erfolgt, dass sie ihre Hemmungen und Ängste mit einem Schlag loswerden und ihre blockierte Energie im plötzlichen Losbrechen wahre Wunder tut. Sie entwerten sich und andere energisch, wenn sich diese große Befreiung nicht einstellen will.

Aus der Oper vom *Freischütz* wissen wir, dass der Jäger seine Kugeln selbst goss, sein Pulver selbst prüfte und maß. Der *umständliche* Vorderlader macht alle Umstände, die für seine Bedienung nötig sind, zwangsläufig bewusst. Es ist keine eigene Ausbildung oder Motivation nötig, um zu begreifen, was vor sich geht. Das Gerät erzwingt durch seine Konstruktion eine Auseinandersetzung, die in bestimmtem Umfang Regressionen verhindert und Progression aufrechterhält.

Die regressiven Qualitäten der modernen Waffentechnik lassen sich dadurch illustrieren, dass die Soldaten in dem heute dominierenden Typus des Krieges – dem Guerilla-Kampf in der Dritten Welt – immer jünger werden.[47] Ähnlich den computer-kids der Konsumgesellschaften wissen sie nicht, wie die Gerätschaften aufgebaut sind, mit denen sie umgehen, können sie aber blitzschnell bedienen.

Der moderne Schütze muss nicht mehr denken und nichts mehr wissen, er braucht nur noch fertige Munition und kann schneller schießen und sich tiefer in seine Omnipotenzfantasien gleiten lassen als je zuvor. Je mehr solche Waffen in eine Kultur dringen, desto stärker wird sie destabilisiert. In weiten Bereichen der dritten Welt wird das Schicksal der Menschen nicht mehr von traditionellen Eliten oder gewählten Politikern bestimmt, sondern von Warlords, die Kinder rekrutieren.

Wichtig sind nicht die Worte, wichtig sind Treibstoff für Explosionsmotoren und Munition für Feuerwaffen. Die Menschen beherrschen diese Explosionen nicht mehr, sondern sie werden von ihnen beherrscht, sie sind süchtig nach ihnen, sie können sich ein Leben ohne sie nicht vorstellen.

Munition

Die Entwicklung der Explosivwaffen steht unter einer Drohung. Man trägt den Tod in der Tasche. Wenn es dem Feind gelingt, den Pulvervorrat einer Festung, eines Schlachtschiffes zu zünden, hat er gesiegt. Daher reagiert die Schiffs- und Festungsbaukunst sofort auf die neue Erfindung. Nicht nur die Außenmauern werden so angelegt, dass sie Geschützfeuer widerstehen können. Weitab von der Feste wird ein einzelner, massiver Turm gebaut, durch unterirdische Gänge mit ihr verbunden. Er birgt das Pulvermagazin.

Die Explosion bringt das Ende der Ritterburg. Jetzt verstecken sich die bewohnbaren Teile der Festung hinter sternförmigen Wällen, die den Granaten des Feindes keine ebene Angriffsfläche bieten. Auf den Wällen stehen die Kanonen, tief unter ihnen sind die Pulvermagazine.

Die Gefahr, die von der eigenen Munition ausgeht, hat die Konstrukteure von Schusswaffen beschäftigt, seit es sie gibt. In Schiffen wurde immer nur ein kleiner Teil der Munition unmittelbar bei den Kanonen gelagert. Aufzugs- und Versorgungssysteme sollten die Explosivstoffe einerseits möglichst sicher, andererseits möglichst rasch zugänglich aufbewahren.

Die Explosion treibt das Geschoss nicht nur mit einer bisher unvorstellbaren Macht gegen den Feind. Sie kann sich selbst in die Reihen der Feinde, in seine Festungen tragen, indem das Geschoss als Bombe ausgelegt ist, die im Ziel explodiert.

Nach einer schönen Frucht des Südens, dem Granatapfel, ist eine der ältesten und wichtigsten Explosivwaffen benannt: die Granate. Der Ausdruck liegt dort nahe, wo jeder die Frucht mit den vielen Kernen kennt, die in der Antike und später auch im Christentum ein Symbol der Fruchtbarkeit war – auf Renaissancebildern hält Maria einen Granatapfel.

Im angelsächsischen Sprachraum, wo der Granatapfel weniger bekannt ist, wurden die entsprechenden Waffen nach einer Molluske benannt, die sich mit harten Schalen schützt: Shell. Die typische Granate, die aus Land- und Schiffsartillerie verschossen wurde, war ein großes, schweres, dickwandiges Geschoss aus Gusseisen oder Stahl mit einem Aufschlagszünder. Es wurde von oben mit hochexplosiver Pikrinsäure gefüllt, die in erwärmtem Zustand flüssig ist und zu einer festen Masse erstarrt. Dann wurde der Zünder eingeschraubt. Beim Aufprall setzte der Zünder den Sprengstoff in Brand und löste eine Explosion aus, die den Mantel der Granate in viele kleine Stücke zerriss. Baum, Tier und Mensch im Umkreis von 20 Metern und mehr waren von tödlichen Verletzungen bedroht.

Der *Shell-Shock* ist das Kriegstrauma im Ersten Weltkrieg. Auch wer sich rechtzeitig zu Boden werfen und Deckung finden konnte, wurde seelisch oft so verletzt, dass er lange Zeit beim geringsten Lärm in Panik geriet.

Wer die Kaltblütigkeit von Gewalttätern nicht versteht, gewinnt einen ersten Zugang, wenn er waffentechnische Berichte studiert. Leidenschaftslos arbeiten Metallurgen, Physiker, Chemiker und Ingenieure daran und berichten darüber, wie man es anstellen kann, möglichst viele Menschenleiber zu zerstören.

Es wäre ermüdend und würde viele Seiten füllen, die Raffinessen des militärischen Baus von immer intelligenteren (und kostspieligeren) Bomben darzustellen. Sie führen vom Sicherungsstift, der durch die Kreiselbewegung einer aus einem gezogenen Lauf abgeschossenen Granate aus dem Zünder gerissen wird, bis zu den lasergesteuerten cruise missiles der Gegenwart, die durch die Lüftungsschlitze in einen Bunker eindringen können.

Einen Selbstmordattentäter, der erst eine Lunte entzünden muss, können wir uns schlecht vorstellen. Die neue Technik entspricht einem Schalter – sie ist präzise, schnell, sicher, funktioniert von einem Augenblick auf den nächsten. Es gibt keine Vorbereitung, keine Entwicklung, keine Unterbrechung, es gibt nur noch eine einzige, sekundenschnelle Entscheidung, den Schritt über eine Grenze, die selbst keine Dimension hat, kein Übergangsfeld.

Es ist ein Schritt, der jenem vom Bogen zur Armbrust vergleichbar ist, oder jenem von der Schreibfeder zur Tastatur, vom Papier zum Bildschirm. *Eine Annäherungs- und Spannungstechnik wird durch eine Schalttechnik überwunden.* Bei der Armbrust ist es der Abzug, bei der Schreibmaschine die Taste, beim Waffensystem der Drücker: Macht hat, wer am Drücker sitzt. Ziel der Übung ist es, *schneller zu schalten!*

Unter dem Gesichtspunkt der Synthese aus technischem Entgegenkommen und seelischer Störung (oder sollten wir seelisches Entgegenkommen und technische Störung sagen?) sind die menschlichen Bomben mit einem zweiten Phänomen der jüngsten Zeit verwandt: den jugendlichen Amokläufern. Diese handeln allein aus persönlicher Kränkung.

Es gibt hier keinen politischen Rahmen, der die Störung der Kränkungsverarbeitung aktiviert und ausbeutet. Es geht allein darum, in explosiver Aggression ein durch vielfältigste Kränkungen unerträglich gewordenes Leben nicht nur zu beenden, sondern auch möglichst viele Beleidiger zu bestrafen.

Es gehört zu den düsteren Seiten dieser narzisstischen Explosionen, dass sie sich gegen völlig Unbeteiligte richten. Diese lösen Aggression aus, weil sie existenzielle Möglichkeiten verkörpern, nach denen sich die Täter in unerfüllbarer Sehnsucht verzehren. Sie haben ihnen nie etwas getan, aber sie symbolisieren den Erfolg in einer Rivalität, das Erreichen eines Ziels, sie lösen Neid aus und den Wunsch, ihnen ein Glück zu zerstören, das einem versagt bleiben wird. Der Amoklauf trifft die beliebten Mitschüler, die sozial Erfolgreicheren, die Angepassten, die Entspannten. Er trifft möglichst viele, die den Selbstmörder auf seinem Weg in den Tod begleiten und berühmt machen.

10.
Waffen als
Prothesen
der Innenwelt

Die folgende Skizze sucht einen Tätertypus zu fassen, der in den USA schon länger beobachtet werden kann und im Jahr 2002 durch die Amoktaten in Freising und in Erfurt auch in Deutschland auffällig wurde. Er kompensiert seine Unfähigkeit, tragfähige Beziehungen einzugehen, durch die narzisstische Verschmelzung mit Waffen. Harmlos wirkende junge Männer, die keine Chance haben, ihre Ansprüche an Anerkennung und soziale Geltung durch geistige Leistungen oder Charme zu befriedigen, werden in einer von Mediengewalt und Explosivstoffen gleichzeitig stimulierten und betäubten Welt zu lebenden Waffen.

Der Täter in Freising hatte mehrere Rohrbomben und zwei Faustfeuerwaffen bei sich; der Täter in Erfurt eine 17-schüssige, automatische Pistole und eine halbautomatische Schrotflinte (eine so genannte Pumpgun, die bevorzugte Waffe amerikanischer Polizisten in unübersichtlichem Gelände). In Erfurt fand der Bruder des Todesschützen ein Depot mit über 500 Schuss Munition.

Die Täter sind junge Männer, die kontaktgestört wirken. Sie ziehen sich zurück, haben keine Freunde, keine Freundinnen. Sie verwickeln sich in Lügen, um ihre Umwelt und sich selbst darüber zu täuschen, dass sie versagen. Jedes Stückchen Entwertung steigert ihren geheimen Größenwahn, der sich schließlich in Gewaltfantasien niederschlägt. Der Täter von Erfurt floh aus einer eher verwöhnenden Familie vom Typ *Sanatorium* – Mutter Krankenschwester, Vater Kranker – in

Computerspiele und Gewaltfantasien, während er nach außen als pflichtbewusster Sportschütze erschien, der sich keine Kränkungen anmerken ließ. Der Täter in Freising war in den Augen der Mutter ein lieber Junge, der die falschen Freunde hatte und gerne *mit Waffen spielte.*

Der Weg in die explosive narzisstische Katastrophe wird in vielen Schritten zurückgelegt; er geht dann weiter, wenn nichts geschieht, was die unheilvolle Entwicklung aufhält.

Der Waffennarr[48]

Musste er das tun? Hätte er es vielleicht nicht tun müssen, wenn er, wie die Kugel im Flipper, gegen ein anderes Hindernis gestoßen, durch eine andere Öffnung gefallen, in eine andere Richtung geschnellt wäre? Irgendwann hatte er beschlossen, sich zu erschießen. Und vorher wollte er andere Menschen erschießen. Sie hatten ihn gekränkt, sie bildeten sich ein, er sei weniger tüchtig als sie, sie dachten sich, sie hätten ihm was zu sagen, sie seien stärker als er.

Einer war der Lehrer, der ihn so fertig gemacht und aus der Schule geworfen hatte. Wenn solche Leute die Macht haben, wenn sie dich hinauswerfen, dir kündigen können – was ist das Leben dann noch wert? Was hat es für einen Sinn weiterzumachen, wenn jeder Dreckskerl, nur weil er einen Titel hat, dich hinauswerfen, dir alles wegnehmen kann, was du hast?

Damit wollte er Schluss machen. Er konnte den Kummer nicht ertragen, den er seiner Mutter ansah, obwohl sie doch immer zu ihm hielt und sagte, es sei doch alles gut und er eigentlich ein lieber Junge. Mit jedem Gedankenschritt, mit dem er sich seinem Tod näherte, dem kühlen Lauf der Waffe im Mund, den er doch schon so oft geschmeckt hatte ohne abzudrücken, mit jedem Schritt wuchs auch sein Hass auf die Menschen, die schuld waren, die ihm den Weg versperrt hatten. Er hatte keinen von ihnen vergessen, jedes Wort brannte noch in seinem Gedächtnis. Wenn er sich umbrachte, dann waren sie seine Mörder. Wenn er sich gegen sie wehrte, handelte er in Notwehr. Er durfte schießen. Er musste schießen. Dann würden alle sehen, wie weit sie ihn gebracht hatten. Sie hatten ihn vergessen. Wer erinnert sich schon an den, den er zum Versager gemacht und hinausgeworfen hat? Jetzt würden sie ihn nicht mehr vergessen.

Dann hieß es, dass solche Taten niemand verstehen könne. Ein Einzelgänger, ein Waffennarr. Den Amoklauf, den hätte ihm keiner zugetraut, den nicht.

Ist nicht jeder Waffennarr ein Einzelgänger? Er hatte mit dem ersten Kampfmesser unter dem Kopfkissen geschlafen und vor dem Spiegel immer wieder studiert, wie es sich an seiner Hüfte und in seiner Hand ausnahm, blitzschnell gezogen. Er hatte sich allein gefühlt, schutzlos, seit er denken konnte, seit er sich überhaupt erinnerte. Dann hatte er Kampfmesser gesammelt, sich die Nase plattgedrückt an den Fenstern der Messerläden im Bahnhofsviertel, wo sie glänzten in allen Größen, Klappmesser mit vielen Teilen und Jagdmesser mit feststellbarer Klinge von Buck und von Puma. Jedes davon besaß er in seiner Fantasie, auch wenn er nur ein paar von den billigeren kaufen konnte, ein Imitat des Buck Folding Hunter aus China und einen Dolch der Marines mit einem Schärfstein auf der Lederscheide und einem Kompass im Knauf.

Wer die richtige Waffe hatte, der war ein Held. Der erbärmliche Kuhhirte fand auf seinen Wanderungen über die Weidegründe von Cornwall einen Stein, in dem ein Schwertgriff steckte – er zog daran, und der Stein entließ das Schwert, es glänzte in der Sonne, und bald wussten es alle: Er, der das

Schwert aus dem Stein gezogen hatte, er war auserwählt, er würde der König sein und alle würden ihm dienen, solange er das Schwert führen konnte. Irgendwann versteckte ein betrügerischer Ratgeber das Schwert und behauptete, der König müsse sich von dieser Last erholen. Und schon wurde der Schwertkönig täglich schwächer und wäre zu einem kriechenden Feigling geworden, wenn ihn nicht ein Zauberer gerettet hätte. In der Tat, die Arme erinnerten sich an ihre alte Kraft, sobald er das Schwert wieder in Händen hielt.

Ist man nicht ständig umgeben von anderen, die nichts anderes behaupten als: Sieh mal, ich bin stärker, ich bin besser, ich bin beliebter bei den Lehrern, ich bin geschickter im Sport, meine Eltern haben mir ein Bike mit Federgabel geschenkt, wir waren im Urlaub in Florida? Die anderen sind stärker, sie gehören zusammen, sie lachen, wenn einer von ihnen etwas sagt, und wenn du etwas sagst, lacht keiner, bis ein anderer was dagegen sagt, und dann lachen alle.

Dann gehst du nach Hause, und auf dem Heimweg dringst du nachts in das Lager ein, wo die Bösen schlafen. Mitten zwischen den Bösen sind die Guten, die gefoltert werden, wenn du sie nicht rettest. Du hast dein gutes Messer, dein Kampfmesser, das mit der schwarz mattierten Klinge, die nicht im Licht blitzt und dich nicht verrät. Haarscharf ist es, einer nach dem anderen müssen sie sterben, die Bösen, sie merken es kaum, kein Laut kommt von ihnen. Dann bist du im Zentrum, bei den Bambuskäfigen, wo die Gefangenen sind, und dein Messer zieht durch die Lederriemen, mit denen sie gefesselt sind, wie durch Butter, du führst sie aus dem Lager, zu dem Kahn, den du am Fluss versteckt hast, und dann fährst du mit ihnen in die Freiheit. Wenn die Sonne aufgeht, sehen alle den, der sie gerettet hat. Jetzt bist du ein Held.

Aber dann bist du auch zuhause angekommen, und es gibt Essen wie immer und die Fragen wie immer, und die Mutter jammert, dass der Alte soviel Geld im Wirtshaus lässt. Du kannst es nicht mehr hören. Du gehst auf dein Zimmer, holst das Kampfmesser aus der Schublade, hältst die Schneide gegen das Licht. Eine wirklich scharfe Schneide ist unsichtbar. Wenn du die Klinge richtig hältst, dann siehst du links und rechts einen silbernen Faden und dazwischen nichts, gar nichts, und dieses Nichts ist der Tod, der von deinem Messer kommt, wenn du es jemand durch den Hals ziehst oder von unten über den Bauch – nur Anfänger stechen von oben, wie die Kämpfer im Schmierentheater, denn bei diesen Stichen verletzt du dich selbst, wenn der Gegner ausweichen kann.

Du siehst eine kleine Unterbrechung in den silbernen Fäden und in dem Nichts, und du weißt: Es ist ein Fehler in der Schneide, eine winzige Scharte, du musst den Wasserstein holen und sie ausschleifen, sonst ist dein Messer nicht perfekt und du kannst dich nicht darauf verlassen.

Irgendwann reichen dir die Messer nicht mehr, du weißt schließlich, wie hilflos du mit einem Messer gegen eine Schusswaffe bist. Das Messer ist für die Nacht, aber wenn du dich am Tag sicher fühlen willst, dann brauchst du einen Revolver oder eine Automatik, die du unter dem Hemd auf dem Rücken im Gürtel stecken hast. Als erstes besorgst du dir einen Schreckschussrevolver. Der sieht scharf aus und liegt schwer in der Hand. Du kannst ihn laden und entladen, aber wenn du es ernst meinst, wirst du nie damit zufrieden sein, dass der Lauf plötzlich enger wird und keine Kugel durchlässt.

Du musst lange sparen und viel herumstromern um den Hauptbahnhof oder frühmorgens auf dem Flohmarkt, wenn alle Händler erst aufbauen und die besten Geschäfte hinter den Autotüren laufen. Aber irgendwann, wenn du es ernst meinst, wirst du das echte Ding haben, und dann wirst du nie mehr eine Schreckschusspistole anfassen. Denn jetzt hast du kein Spielzeug mehr in der Hand, sondern dein Leben. Du kannst es laden, mit einem Leben nach dem anderen, jede dieser kleinen, glänzenden Patronen ist mächtiger und stärker als ein Feind, mag er noch so groß sein und noch so viele Muskeln haben, du steckst sie alle in das Magazin, eine nach der anderen, der Druck der Feder wird immer stärker, bis keine Patrone mehr hineingeht.

Dann schiebst du das Magazin in den Schacht, du hörst den satten Klang, wenn es einschnappt, du lädtst durch – aus jeder Ecke des Zimmers kommen sie, mit Baseballschlägern und Schmetterlingsmessern, die Eingebildeten, die Auslacher, die Bösen. Keine Angst, sie können dir nichts anhaben, sie haben keine Chance gegen deine Waffe, wie gut, dass du das große Kaliber und die Bleigeschosse genommen hast, unübertroffen für die stopping power in engen Räumen, die Wucht des Aufpralls wirft sie hintenüber, sie rühren sich nicht mehr.

Jeden Abend vor dem Einschlafen blätterst du in den Handbüchern und in dem großen Katalog aus Houston, in dem die Namen stehen, die schon immer wie Magie klangen, Colt-Peacemaker, Smith&Wesson Magnum, Mauser, Winchester, Enfield, Tokarev. Du trägst den winzigen Derringer, der doch die großen Kugeln vom Kaliber 45 abschießt, tödlich auf kurze Entfernungen. Die Schrotflinte, Kaliber 12, mit abgesägtem Lauf: Wer davor keinen Respekt hat, der ist durch nichts zu beeindrucken. Die eleganten Killer bevorzugen kleine Kaliber, wie die 22er, sie sind ihres Ziels sicher. Wer in die Stirn trifft oder ins Herz, der braucht keine schwere Munition mit stopping power. Jeden Abend, über deinem Katalog, sammelst du deine Schutzengel um dich und lässt noch einmal Gnade vor Recht ergehen gegen deine Feinde.

Was soll deine Lieblingswaffe sein? Der zuverlässige, langsame Revolver? Da gibt es keine Ladehemung, jeder Narr weiß, ob er die Waffe gesichert trägt oder der Hahn schon gespannt ist und bei der leisesten Berührung losgeht.

Eleganter, flach am Körper zu tragen, schneller in der Schussfolge, aber auch empfindlicher ist die Automatik. Sie spuckt leere Hülsen aus – schlecht, wenn du nicht entdeckt werden willst, denn der Schlagbolzen deiner Waffe signiert jede Patrone.

Eine Maschinenpistole, ein Feuerspeier, eine Uzi oder Kalaschnikow wäre das Höchste. Aber da ist schwer dranzukommen. Da kannst du in fünf Minuten ein kleines Vermögen an Munition verballern.

Du kannst sie nicht alle haben. Die Tokarew und der der Yugo-Coltnachbau und die Munition unter der losen Diele sind immerhin ein Anfang. Wenn du dich nicht gut fühlst, reicht es schon, in den alten Steinbruch zu fahren, die Waffe im Rucksack. Wo der Schall von den Büschen verschluckt wird, kannst du die Automatik heben und abdrücken. Das ist besser, als das Messer in einen Baum zu werfen. Was vor deinen Lauf kommt, gehört dir.

Niemand weiß, wie gefährlich du bist, und das ist auch gut so. Niemand darf wissen, was da unter dem losen Brett versteckt ist. Die Sammlung lebt, sie wächst, sie verzweigt sich, sie breitet sich aus, sie hat einen oberirdischen Teil, den jeder sehen darf, die Gotcha-Pistole, die Messer, der Vorderlader, das Schwert von Conan und das Schwert von Braveheart. Wenn dich jemand nicht respektiert, ist das viel gefährlicher für ihn, als er glaubt. Dich beruhigt es. Du fühlst dich groß und gütig, du hättest ihn zehn Tode durch zehn Waffen sterben lassen können und hast ihm zehnmal das Leben geschenkt. Er soll es nicht zu weit treiben.

Die Sammlung ist ein System aus Gedanken, Wünschen und Dingen, das sich in verschiedene Richtungen ausbreitet, Wissen bringt und Fertigkeiten – Schwarzpulver zu mischen, Bomben zu bauen –, das tröstet und Ängste vertreibt. Irgendwann aber, wenn der Druck zu sehr steigt und die Kränkungen nicht mehr in der Fantasie ausgeglichen werden können, zerbricht das System. Die bisher gebändigte Explosion verliert ihre Unschuld. Die Waffen werden stärker als der Sammler. Sie nötigen ihm ihren Zweck auf. Einer seiner Fetische – es wird der geliebteste sein, denn keinem anderen steht es zu – wird zum Henker.

Verständnisvermeidung

Die Psychologen haben noch keine Antwort mit einem gemeinsamen Nenner für alle diese Fälle, sagte Manfred Rowold in der *Welt* nach dem Gemetzel der beiden Amok-Täter, des 18-jährigen Eric Harris und des 17-jährigen Dylan Klebold an der Columbine-Highschool in Littleton. *Ist es Einsamkeit? Geltungssucht? Todessehnsucht? Ein Machtwahn, gefördert durch die unterhaltsame Gewalt auf dem Bildschirm?*

Wie sagte Bill Clinton: *Vielleicht werden wir es niemals wirklich verstehen.* Diese Unverständlichkeits-Beteuerungen sind ein Zeichen, dass ihre Autoren sozusagen innerseelisch das Weite suchen, bis sie nichts mit der narzisstischen Explosion zu schaffen haben. Auch Wolfgang Sofsky greift in *Zeit des Schreckens* zu diesem Stilmittel: *Die Zahl der sozial Geschädigten und Beschädigten geht in die Millionen, Amoktäter jedoch sind eine ziemlich rare Spezies. Die meisten sind von so unauffälliger Durchschnittlichkeit, dass nichts, aber auch gar nichts auf einen spektakulären Gewaltakt hinweist.*[49]

Die Motive der Amoktäter sind uns nur allzu vertraut, ebenso die der Terroristen. Schockierend ist nur das Versagen der Hemmungen. Kleine Kinder schlagen in Kränkungswut ohne jede Rücksicht um sich. Schrittweise lernen fast alle Menschen, diese Impulse zu zügeln, sie wissen um ihre Gefahren, fürchten sich vor Strafen, können sich auch in die Opfer und in ihre Schmerzen einfühlen und erwerben das schlichte Prinzip, dass man niemandem etwas antun sollte, das man selbst nicht erleiden mag. Aber diese Schritte zum zivilisierten Verhalten sind immer von Rückfällen bedroht.

Gegenwärtig sind in den Konsumgesellschaften die Aggressionshemmungen überfordert; Eltern und Pädagogen können sie gar nicht so schnell aufbauen, wie sie von den Medien und dem Waffenangebot wieder ruiniert werden.

Wer sich in grenzenloser Wut gehen lässt und nur seine Fäuste hat, richtet Schaden an, wird aber nie in den Machtrausch verfallen, den eine Waffe erzeugt. Keulen oder Messer sind gefährlicher, aber sie machen doch das Opfer zu einem Menschen, dem man sich nähern, den man spüren, riechen kann und muss. Eine Schusswaffe verspricht Distanz und eine Mordpotenz, so groß wie das Magazin. Blut und Schmerz der Opfer bleiben fern von mir und ohne Gefahr für mich. Das Gewehr des Amokläufers und der Bombengürtel des Attentäters funktionieren auf Knopfdruck. Das Vorbild der Tat ist das Zapping. Ein qualvolles Leben soll verschwinden und einem besseren Platz machen.

Im Umweltschutz ist es selbstverständlich geworden, von einer toxischen Gesamtsituation zu sprechen. Nehmen wir einmal an, einige wenige Kranke unter uns würden durch einen Stoff in der Atemluft geschädigt, den mächtige Industrieunternehmen produzieren. Gesunde vertragen die freigesetzte

Dosis problemlos. Wie entscheidet der Staat? Opfert er die Kranken der Bequemlichkeit der Gesunden? Oder schätzt er sie als kostbare Zeichengeber, die verraten, was gegenwärtig Gesunde noch nicht verletzt, aber es auf lange Sicht vielleicht doch tun wird?

Wir sollten die Außenseiter unter den Jugendlichen, die nicht wissen, wie sie ihr Gewaltpotenzial unter Kontrolle bringen, nicht als unverständliche Wahnkranke abschreiben, um weiter dem Waffen- und Gewaltrausch in den Medien zu frönen, der schließlich einem normalen Jugendlichen nichts anhaben kann. Ihre Entgleisungen zeigen vielmehr, wie sehr wir in Gefahr sind, an Zivilisiertheit einzubüßen.

Waren am 11. September Selbstmordattentäter aus der arabischen Welt oder Amokläufer aus dem Herzen Amerikas am Werk? Es waren Araber, aber das bedeutet nicht, dass die psychische Disposition zu solchen Taten im Mittelwesten oder in der Schweiz nicht existiert. Über die Täter an der Columbine-Highschool wissen wir, dass es zu ihren Projekten gehörte, ein Flugzeug zu kapern und es in die Twin Towers zu steuern.

Amokabwehr

Die Amokabwehr in malaiischen Dörfern war ein gegabelter Stock, der es erlaubte, den mit einem Dolch bewaffneten Täter zu Boden zu werfen und dort so lange festzuhalten, bis er zur Besinnung kam. Es ist sehr viel schwieriger, sich gegen Amoktäter zu wehren, die mit Schusswaffen ausgerüstet sind. Dennoch gibt es Möglichkeiten, solche Taten einzuschränken oder zu verhindern.

Ein Beispiel ist der Lehrer, der den Amoklauf von Robert Steinhäuser in Erfurt beendete, indem er den *Täter mit seinem*

Namen ansprach. Dadurch erwachte der Amokläufer aus seiner Rollentrance.

Wenn es einem Menschen nicht gelingt, befriedigende Gefühlsbeziehungen herzustellen, führt das zu einem Maß von innerem Elend und ständiger Angst, das sich normale Personen nicht vorstellen können. Die narzisstische Beziehungslähmung führt zu einem quälenden Neid auf alle Menschen, die in jenen guten, entspannten Beziehungen leben, die sich der Gestörte nicht zutraut und nicht vorstellen kann.

Er steht gewissermaßen draußen in Kälte und Dunkelheit, während er sieht, wie – keinen Schritt entfernt und doch unerreichbar – andere Menschen in Wärme und Licht zusammenleben, sich austauschen, einander lieben und befriedigen. Er fühlt sich unfähig, diesen Zustand zu erreichen, und wenn die Wut in ihm wächst, wird er beschließen, wenigstens das Glück der anderen zu zerstören.

Angesichts eines narzisstisch schwerer gestörten Menschen neigen wir spontan dazu, uns zurückzuziehen oder mit ihm zu streiten, wir fühlen uns nicht wohl, sondern gelangweilt, irritiert, gereizt, ausgesaugt, verärgert. Eine konstant höfliche, einfühlende, freundliche Beziehung zu halten ist schwierig.

Eltern sind genauso auf Kontakt und Entgegenkommen ihrer Kinder angewiesen wie umgekehrt Kinder auf ihre Eltern. Narzisstisch stabile Eltern können den Kontakt halten, wenn ihre Kinder sie kränken und zurückweisen. Dadurch werden Krisen in der Entwicklung überbrückt und es ist möglich, nach einer solchen Krise den Kontakt wieder aufzunehmen. Belasteten Eltern gelingt das nicht. Sie verlieren den Kontakt und können ihn nicht mehr knüpfen. Die entglittenen »Kinder« materiell zu versorgen, ist gefährlich, weil dadurch deren Realitätssinn weiter geschwächt wird.

Der Einfluss der Eltern ist in der Moderne geschwunden; die Anforderungen an sie sind gewachsen. In einer traditionellen Gesellschaft lebt das Kind im Kreis von Familie und Sippe, von Erwachsenen und Altersgenossen. Dieser Kreis bestimmt die äußeren Einflüsse auf die kindliche Entwicklung. In unserer gegenwärtigen Situation ist dieser Kreis in vier Sektoren zerfallen. Nur ein Viertel der Einflüsse auf das Kind prägen die Eltern. Ein zweites Viertel prägen die *peers*, d. h. die Gleichaltrigen in von der Familie unabhängigen Räumen, z. B. Kindergarten, Schule, Disco, Sportverein. Ein drittes Viertel bestimmen Freizeitindustrie, Medien und Technik – die speziell für Kinder und Jugendliche entwickelten Spielsachen, Apparate, Computerspiele, Fahrzeuge. Das vierte Viertel gehört den Institutionen und ihren Vertretern – dem Kindergarten, der Schule, den Lehrern, Sozialpädagogen, Therapeuten, Jugendleitern.

Angesichts des Amoklaufs von Erfurt kann man sich durchaus Interventionen vorstellen, die möglich gewesen wären und das Ereignis verhindert hätten:

a) Einem Kinderarzt oder einer Erzieherin im Kindergarten fällt auf, dass da ein Junge instabil gebunden ist, dass er sich nicht in andere hineinversetzen und mit ihnen nicht konstruktiv spielen kann. Sie schlagen eine Kindertherapie vor; die Eltern sind dazu bereit. Die Bindungsfähigkeit bessert sich.

b) Den Eltern fällt auf, dass sie zu ihrem Kind einen schlechteren Kontakt haben. Sie kämpfen um diesen Kontakt, vernetzen sich mit den Lehrern in der Schule, lassen nicht locker.

c) Einer Mitschülerin fällt auf, dass Robert vor seinem drohenden Schulversagen die Augen schließt, dass er sich selbst und seinen Eltern etwas vormacht. Sie setzt sich mit ihm so lange auseinander, bis er das ändert.

d) Im Schützenverein wundert sich ein älterer Kamerad, dass Robert zwei Combat-Waffen gekauft hat, mit denen er im Verein gar nicht schießen kann. Er kommt mit ihm ins Gespräch. Sie beschließen, sich ein eigenes Übungsgelände zu suchen, tauschen sich aus, gehen zusammen in einen verlassenen Steinbruch und schießen dort auf verschiedene Ziele. Sie entwickeln Pläne, zusammen einen Wachdienst aufzubauen. Robert soll sich erst mal freiwillig beim Bundesgrenzschutz melden

e) Ein Gymnasium gibt sich nicht damit zufrieden, einen narzisstisch gestörten Schüler vom Unterricht auszuschließen. Als Robert wegbleibt, besucht ihn der Sozialpädagoge der Schule. Er erkundigt sich nach den Interessen und Fähigkeiten des jungen Mannes und gewinnt ihn für ein erlebnispädagogisches Projekt – einer Fahrt nach Norwegen auf einem umgebauten Krabbenfänger. Robert ist von der Seefahrt begeistert und beschließt dabeizubleiben.

Ein immenses Bedürfnis nach Anerkennung ist bei diesen Tätern mit der Unfähigkeit gepaart, selbst andere zu bestätigen. Sie haben so viel Angst vor Verletzungen, dass sie sozusagen prophylaktisch die Menschen vor den Kopf stoßen, von denen sie beachtet und respektiert werden wollen. Kontrolle, wie sie die Waffe dem Waffenträger verspricht, ersetzt die fehlende Basis des Gefühlslebens. Da sie selbst chronisch gekränkt und wütend sind, unterstellen sie diesen Affekt allen anderen.

Sie erleben liebevolle Gefühle entweder als fremd oder als verlogen, versuchen immer hinter die Fassade zu schauen, wenn jemand freundlich ist, während sie abweisendes und feindseliges Verhalten sofort als real akzeptieren und niemals auf den Gedanken kommen, dass sich dahinter positive Gefühle verbergen könnten.

Das führt dazu, dass ihre Beziehungen besonders schnell entgleisen, wenn sie an ihresgleichen geraten. Selbstsichere Eltern behalten ihr Wohlwollen, wenn ihre Kinder in der Pubertät kritisch oder feindselig auf ihre Erziehungsmaßnahmen reagieren; sie verhandeln mit den Jugendlichen und einigen sich. Wenn die Eltern selbst traumatisiert sind und Kränkungen nicht ertragen können, dann identifizieren sie ihr Kind in dieser Situation als Feind und werden unversöhnlich.

Dann bleibt den Heranwachsenden nur die Wahl, ihre eigenen Aggressionen gegen sich selbst zu richten – depressiv zu werden – und den Kontakt zu den Eltern zu erhalten, oder mit diesen zu brechen. Wer weder das eine noch das andere leisten kann, greift zur Droge, um die entstehenden Spannungen zu mildern.

Kontrolle schützt die traumatisierte, verängstige Psyche davor, von unerwarteten Reizen überschwemmt zu werden. Viele der *Ego-Shooter*-Spiele im Computer beziehen sich auf dieses Prinzip. Indem jäh auftauchende Monster erschossen werden, verschwindet die von ihnen in den Weg des Spielers getragene Verunsicherung. Je mehr dieser Monster der Spieler erledigen kann, desto sicherer kann er sich seiner Kontrolle über die Spielwelt sein. Allerdings ist die Struktur dieser Spiele von beängstigender Aussagekraft, was die Chancen dieses Mechanismus in der Festigung unserer Lebenssituation angeht. Je mehr Monster der Ego-Shooter erledigt, desto gefährlicher werden diese. Das virtuelle Ego des Spielers wird irgendwann ausgelöscht. Bei langsamen Spielern geschieht das schon auf einem der unteren Level. Die geübten schaffen es weiter. Da die Monster immer schneller werden, die Hindernisse immer schwieriger zu bewältigen, erliegt irgendwann auch der tüchtigste Kämpfer.

Wenn ein kontaktgestörter Jugendlicher solche Spiele spielt, dann kann er in eine Art Autohypnose verfallen, einen Zustand, den ich »Rollentrance« nenne. Er wird zu einer neuen Persönlichkeit, die er in Tagträumen fortsetzt und – wenn er die Mittel und die Gelegenheit dazu hat – zur blutigen Realität macht.

Daher ist es ebenso absurd, die Mediengewalt als *Ursache* anzuprangern, wie sie zu entschuldigen. Sie ist ein Knoten in einem Netz. Was Gesunden nicht schadet, sie vielleicht sogar entlastet, ist für Kranke ein Gift. In fast allen Actionfilmen und Videospielen fehlt jede Aufmerksamkeit für die Folgen der Tat, für das seelische Trauma, für die langsamen Abläufe der Wundheilung.

11.
Die Komponenten
des explosiven
Narzissmus

Hunderte, ja Tausende von Intellektuellen sollten tun,
was Viginia Woolf, Ernst Toller, Stefan Zweig, Jan Masaryk
getan haben. Eine Selbstmordwelle, der die hervorragendsten,
gefeiertsten Geister zum Opfer fielen, würde die Völker
aufschrecken aus ihrer Lethargie, so dass sie den tödlichen Ernst
der Heimsuchung begriffen, die der Mensch über sich gebracht hat
durch seine Dummheit und Selbstsucht.

Klaus Mann[50]

Es fällt uns schwer, im Selbstmord den Versuch zu erkennen,
eine von den Tätern als noch schlimmer, noch beängstigender
erlebte Katastrophe zu vermeiden. Dennoch sind sich die psychodynamisch interessierten Forscher weitgehend einig, dass
das eigentliche Ziel der Suizidalität nicht die Tötung des Selbst
ist, sondern eine fiktive Wiederherstellung seelischer Stabilität.
Der suizidale Mensch lebt in einem Zustand seelischer Hochspannung. Nur wenn er plant, sich umzubringen, meint er, verhindern zu können, dass seine Beziehungen zu anderen Menschen und/oder sein eigenes Selbstgefühl zusammenbrechen.

Es gibt viele klinische Forschungen über den Suizid und
sehr viel weniger über den seelischen Hintergrund von Mord.
Auch ist die Bereitschaft von Mördern geringer, sich einem
Therapeuten zu öffnen. Dennoch belegen vor allem die Forschungen an jugendlichen Mördern, dass auch hier die Tat
häufig den Versuch darstellt, einen seelischen Zusammenbruch zu verhindern.

Vor einigen Jahren wurde in München ein Nervenarzt von seinen zwei Söhnen – guten Schülern in der Oberstufe desselben Gymnasiums, das auch der Vater besucht hatte – durch mehr als 40 Messerstiche getötet. Es war ein kaltblütig geplantes Verbrechen. Die Täter warteten hinter der Tür, bis er das von ihnen mit ihrer Mutter bewohnte Einfamilienhaus betreten hatte. Dann fielen sie mit Knüppel und Messer über ihn her.

Die Söhne sahen keine andere Möglichkeit, sich von dem Vater zu lösen, als ihn zu töten. Die Wut und die Grausamkeit, mit der die beiden Jugendlichen gegen ihn vorgingen, sind ein verschlüsseltes Zeichen der Idealisierung. Wie wichtig muss ein Vater sein, wenn seine Kinder sich diese selbstzerstörerische Mühe aufladen, um sich von ihm zu befreien! In diesem Alter lächeln schließlich andere Gymnasiasten schon über die Borniertheit ihrer Eltern.

Das erdrückende Selbstobjekt

Unser Selbstgefühl soll uns das Empfinden von Selbstständigkeit und Berechenbarkeit unserer Umwelt geben. Kaum ein Mensch ist hier wirklich unabhängig von äußeren Hilfsmitteln, die er in sein Selbstgefühl einbezieht, den Selbstobjekten. Der ermordete Vater in unserem Beispiel war ein solches Selbstobjekt, so mächtig, beherrschend, manipulativ und angesichts von Ablösungswünschen bedrohlich, dass er vernichtet werden musste, wenn die Söhne der Fantasie entgehen wollten, von ihm erdrückt und vernichtet zu werden.

In den Videos der Selbstmordattentäter wird in jedem zweiten Satz Allah zitiert. Es ist ein Allah, der alle Aufgaben eines Selbstobjekts erfüllt: Er ist immer da, er bestätigt und spiegelt alles, was der Täter vor seiner Explosion tut; er wird den Täter nach der Explosion bei sich aufnehmen und wunderbar belohnen.

Im explosiven Narzissmus der menschlichen Bombe verbinden sich die beiden wesentlichen Formen der suzidalen Kränkungsabwehr: *die Verschmelzung mit dem verlorenen Selbstobjekt im Tod und die Vernichtung des Ich, um die Kränkung zu rächen.* Die narzisstische Wut nach einer Kränkung trifft keineswegs nur den, der gekränkt hat. Sie trifft auch das beleidigte Ich, das die Tatsache, derart verletzbar zu sein, zutiefst kränkt.

Die normale Reaktion auf eine Kränkung befriedigt den Wunsch, der belastenden Situation künftig zu entgehen, sei es, dass wir uns verachtungsvoll abwenden, sei es, dass wir den Kampf aufnehmen und versuchen, das Recht auf unsere Seite zu bringen. Je ausgeprägter aber die Selbstobjekt-Qualität in einer Beziehung ist, desto schwerer wird beides. Da gekränktes Ich und kränkendes Objekt gar nicht getrennt erlebt werden, ist es unmöglich, sich abzuwenden.

Der Suizidforscher Jürgen Kind vergleicht solche Personen mit einem Katamaran. Die beiden miteinander verbundenen Schiffsrümpfe sind stabil; bricht das Ganze aber auseinander, muss es untergehen.[51]

Suizidforscher haben beobachtet, dass es Tötungsrituale gibt, die merkwürdig friedlich anmuten. Die Opfer fahren in eine schöne Landschaft oder ans Meer, oft dorthin, wo sie mit einem jetzt verlorenen Liebespartner waren. Sie stellen sich vor, im Wasser zu treiben oder sich in der Natur aufzulösen, sie legen sich in die Badewanne und nehmen dort ihre Schlaftabletten mit Wein oder Cognac. Es ist eine symbiotische, verschmelzende, ich-auflösende Geste, ein Wiedereingehen in die verlorene Mutter oder in das verlorene Paradies.

Der Hass auf einen militärisch überlegenen Feind führt umso mehr zu einer suizidalen Situation, je ausgeprägter geglaubt wird, dass Gott alles lenkt. Wieso hat er in seiner Allmacht dem Gegner so viel Überlegenheit geschenkt? Will Gott mich prüfen, will er mir sagen, dass ich gefehlt habe? Wie kann Gott das zulassen? Gibt es ihn überhaupt, oder haben die Ketzer gute Gründe, an seiner Existenz zu zweifeln? Nur ein Extrem des Opfers kann diese Zweifel besiegen und das Ich von ihnen erlösen. Der Selbstmordattentäter tötet sich, um seinem Gott zu dienen und sich mit ihm zu vereinen. Dieser Inhalt ist bewusstseinsnah. Aber es gibt noch einen zweiten Aspekt: Er tötet sich, um sein Ungenügen an diesem Gott endlich zum Schweigen zu bringen und sich für seine Zweifel zu bestrafen. Und da er sich selbst nicht schont, kann er auch nicht mehr zwischen Schuldigen und Unschuldigen unterscheiden. Für diese Rache gibt es keine Schuldlosen.

Indem er sein eigenes Leben opfert, gewinnt der politisch motivierte Selbstmörder nach der elementaren Logik des Narzissmus das Recht, dieses Opfer des Lebens auch so vielen anderen abzuverlangen, wie es ihm gerade möglich ist. Er greift nach der Allmacht, indem er für sich selbst Richter und Henker in einem wird. So kann er auch alle richten, die andere für schuldlos und unbeteiligt halten. Eine solche Unterscheidung würde normal funktionierende Ich-Grenzen voraussetzen.

Je stärker Glaubenszweifel und Glaubenskonflikte einen Menschen aufwühlen, desto gefährlicher wird die Radikalität, mit der er versuchen wird, seinen Glauben zu *beweisen*. Die Gottesbeziehung unterscheidet sich hier nicht von anderen Liebesbeziehungen. Wer nicht daran glauben kann, einen Menschen zu lieben, muss diesen kontrollieren und ständig über Beweise der Liebe (oder ihres Mangels) rechten. Je mehr er rechtet, desto weniger kann er daran glauben, dass er liebenswert ist. So muss er *immer mehr* rechten, kämpfen, sich selbst und andere bedrohen.

Selbstmordattentäter sind ehrgeizige Menschen, die ihren Glauben nicht aus einer langen Tradition schöpfen, die ihn mildert und festigt, sondern ihn beweisen wollen – und müssen. Es sind die frisch Bekehrten, die am leidenschaftlichsten dabei sind, Ungläubige zu verfolgen. Wer in Gott ruht, muss ihn nicht ständig im Munde führen und möglichst viele seiner Feinde aufspüren und bekämpfen.

Ein Modell der narzisstischen Explosion

Das hier entworfene Modell der psychischen Disposition zur narzisstischen Explosion entwirft fünf Felder, die dieses Geschehen beeinflussen:

- Die frühen Verletzungen des Reizschutzes.
- Triebtätigkeit und Fantasie.
- Aktuelle Kränkungssituation.
- Die kulturelle Gestaltung des Werterlebens.
- Die Welt der Dinge, der Waffen.

a) Die frühen Verletzungen des Reizschutzes
(Die Dimension der Frühstörung, der Bindung, des Urvertrauens)
Das Kind ist darauf angewiesen, dass ein ihm zugewandter Erwachsener es *stillt*, wenn es durch sein Schreien zeigt, dass es aus eigenen Kräften sein seelisch-körperliches Gleichgewicht nicht aufrechterhalten kann. Eine stabile, von Vertrauen und Zuversicht getragene Beziehung zur Umwelt und

zu anderen Menschen wird sich entwickeln, wenn das Kind von genügend guten Personen begleitet wurde und den Austausch mit ihnen verinnerlicht hat. Wenn diese Verinnerlichung nicht gelingt, wünschen sich die Betroffenen perfekte, ideale Bezugspersonen und neigen dazu, diese vollständig zu entwerten und an ihnen zu verzweifeln, wenn sie als Selbstobjekte versagen. Dadurch wachsen Selbsthass und Krisenpotenzial.

b) Triebtätigkeit und Fantasie
Die menschliche Psyche bietet viele Möglichkeiten, die Gefahren traumatischer Einflüsse zu verringern und ein Versagen von Bezugspersonen auszugleichen. Eine der wichtigsten ist die Fantasietätigkeit. Durch sie kann das Individuum Bilder entwerfen und verinnerlichen, die reale Verletzungen ausgleichen und neue Entwicklungsmöglichkeiten erschließen. Das menschliche Gedächtnis ist keine Tontafel, in die Zeichen eingebrannt werden. Alle wichtigen Geschichten werden immer wieder neu geschrieben und verändert.
Auf diese Weise kann das Individuum traumatische Erfahrungen bewältigen, indem es sie gestaltet. Diese Gestaltung wird von seinen Mitmenschen bestätigt oder bekämpft, was neue Gestaltungsversuche zur Folge hat. Zum Beispiel kann eine Mutter, die ihr Kind traumatisiert hat, weil sie es nachlässig versorgt und zeitweise in ein Heim gegeben hat, diese Verletzungen später kompensieren, indem sie die Wutanfälle und Ängste des Kindes erträgt und nicht aufhört, den Kontakt zu dem Kind zu suchen und es zu lieben. In anderen Fällen werden solche Verletzungen vertieft, weil die Mutter das wütende Kind entwertet und ihm Schuldgefühle einflösst, dass es der Mutter so wenig dankbar ist, die es aus dem Heim geholt hat.

c) Aktuelle Kränkungssituation

Die Stabilität des menschlichen Selbstgefühls hängt von drei Faktoren ab: den frühen Traumatisierungen, den späteren Kompensationen und der aktuellen Kränkungslast. Der Narzissmus entwickelt sich nach dem Modell der gestützten Grandiosität. Wenn zu viele Stützen zusammenbrechen und die kompensatorischen Ansprüche an Grandiosität, Perfektion, souveräne Überlegenheit über Schwächen und Demütigungen so sehr gewachsen sind, dass die Betroffenen ihr Selbstgefühl von einem Zusammenbruch bedroht empfinden, bietet die Dynamik des explosiven Narzissmus einen Ausweg. Das Ich beweist in einer letzten, vernichtenden Dynamik die eigene Größe und Macht.

d) Die kulturelle Gestaltung des Werterlebens

Der erwachsene Narzissmus nährt sich von Wertvorstellungen. Das *Richtige* zu tun, befreit von Scham und Schuld, sichert das Selbstgefühl. Diese Orientierung gewinnen Jugendliche während der Adoleszenz, deren Aufgabe es ist, einen eigenen, persönlichen, der gegenwärtigen sozialen Situation angemessenen *Sinn des Lebens*, eine eigene *Vision* zu finden. Die Adoleszenz dauert umso länger, je unübersichtlicher die Gesellschaft ist. Individualisierung und Globalisierung führen dazu, dass typische Adoleszenzerscheinungen bis in das Alter von 30 und mehr Jahren reichen können: Unsicherheit über Beruf- und Partnerwahl, über die religiöse und politische Orientierung, Anlehnungsbedürfnisse, Sehnsucht nach einem radikalen Neuanfang. Nicht nur Jugendliche, sondern auch junge Erwachsene bleiben besonders anfällig für narzisstische Krisen und für Spannungen zwischen Idealisierung und Entwertung, für hochfliegende Überzeugungen und beschämende Versagensgefühle.

Die kulturelle Prägung in dieser Zeit ist intensiv und unentbehrlich; sie drückt sich in den Übergangsritualen der Primitivkulturen, den *rites de passage* oder der *vision quest* aus. Religiöse oder militärische Indoktrination spielen eine große Rolle. Die spielerische Grandiosität der Kindheit, in der die Abhängigkeit von den Selbstobjekten selbstverständlich und akzeptabel ist, wird zur ernsthaften Grandiosität des Heranwachsenden, der um seine Autonomie ringt, nach eigenen Selbstobjekten sucht und in seiner Unsicherheit gerade durch extreme Anforderungen angezogen wird.

e) Die Welt der Dinge, der Waffen
Dieser Aspekt der Selbstgefühlsdynamik ist aus der Kultur entstanden, funktioniert aber längst unabhängig von ihr, weil gerade in die traditionellen Gesellschaften Dinge einbrechen, auf die diese nicht vorbereitet sind. Überall können diese Dinge große Macht über Einzelne entfalten.

In der Konsumgesellschaft transportieren die Dinge Botschaften, die nicht mehr von einer Kultur, einem Staat, einer abgrenzbaren Gesellschaft kontrolliert werden. Das Automobil z. B. formiert durch seine Struktur und Funktion den persönlichen Narzissmus. Es entfaltet Einflüsse, die weit über kulturelle Prägungen hinausgehen und durch sie nicht mehr erfasst werden können. Das Gleiche gilt für ein Mobiltelefon, eine Maschinenwaffe, ein Fernsehgerät, einen Computer.

Die zentralen Qualitäten dieser kulturübergreifenden Erfindungen sind explosiv. Sie steigern die traditionell mögliche Kraftentfaltung, Geschwindigkeit und Reichweite des Menschen. Welten entstehen, Welten verschwinden auf Knopfdruck.

12.
Begleiter
in den Tod,
Diener
im Jenseits

In den Trivialisierungen schamanistischer und magischer
Überlieferungen, die den ideologischen Hintergrund der po-
pulären Kampfsportfilme[52] prägen, taucht ein Thema auf: Die
im Kampf getöteten Gegner steigern als eine Art Seelensklaven
die Stärke eines Kämpfers ins Unermessliche.

Diese Vorstellung lässt sich in vielen Kulturen nachweisen.
In der griechischen Mythologie heftet Athene das abgeschla-
gene Medusenhaupt an ihren Schild; Indianer konservieren
Schrumpfköpfe oder Skalps; Naga-Krieger in Indien schmücken sich mit Bronzeschädeln; Rocker kopieren SS-Männer;
auf der Straße trifft man Schulmädchen im T-Shirt mit Toten-
kopfdesign.

Verwandt, aber nicht identisch mit diesem Glauben ist der
in Sagen und einigen ethnografischen Berichten dokumen-
tierte Brauch, wonach beim Tod eines Mächtigen seine Frauen,
Diener, Pferde getötet werden, um ihm in der Geisterwelt zu
dienen. Eine Entwicklung dieser Rituale hat wohl zu dem Be-
gräbniskult der Ägypter geführt, in dem Figuren von Diene-
rinnen und Dienern die Seele des Toten betreuen. Das Men-
schenopfer, dessen Überwindung ein zentrales Thema des
Alten Testaments ist, diente ursprünglich wohl auch einer magischen Erneuerung der Kräfte von Vegetationsgottheiten.[53]

Im 16. Jahrhundert berichtete der portugiesische Seefahrer
und Gewürzhändler Duarte Barbosa von den Bewohnern Ja-
vas: *Wenn sie schwer krank sind, geloben manche ihrem Gott*

*einen ehrenhafteren Tod für den Fall, dass sie wieder gesund
werden. Sobald sie wohlauf sind, nehmen sie einen Kris (den
Stoßdolch, die typische Blankwaffe Indonesiens), gehen auf die
Straße und töten, wen sie treffen, Männer, Frauen und Kinder.
Sie wüten wie tolle Hunde und töten, bis sie getötet werden.*[54]

Ein Teil unseres Gehirns verwandelt ständig die Empfin-
dungsreize, die die Sinnesorgane treffen, in sinnvolle Strukturen. Fehlendes wird ergänzt, Unpassendes weggelassen,
die Realität gestaltet, wie es dem Überleben am besten zu
dienen scheint. Dabei lässt sich als grundlegende Neigung
beobachten, was in diesem Mythos vom Amoklauf angedeu-
tet ist: die Verwandlung von Passivität in Aktivität, von Leiden in Tun.

Angesichts der Schrecken des Todes werden besonders verletzte Menschen dazu neigen, sich mit diesem Schrecklichen
zu identifizieren. In *Mortal Combat* trägt der Herrscher der
Finsternis die Maske des Todes. Diese magische Logik lässt
sich umkehren: Indem ich den Impuls, mich selbst zu töten
und dadurch für ein Übermaß an Kränkungen unempfindlich
zu machen, gegen andere richte, *steigere* ich mein Leben *und*
meinen Tod.

Der Amokkrieger, der in den Truppen der Malayen ebenso
gefürchtet war wie der Berserker in den Mannschaften der
Wikinger, suchte zweierlei: den Tod möglichst vieler Feinde
und den eigenen Tod. Er sollte möglichst viele Leben mitneh-
men und sein eigenes nicht achten.

Das heißt auch, dass Amok nicht das extrem seltene und
unverständliche Ereignis ist, als das ihn die Medien so gerne
behandeln. Er speist sich aus mythischen Modellen und psychischen Grundstrukturen, er wird im Kränkungsfall von den
entsprechenden neurologischen Strukturen (dem Mandel-
kern, dem limbischen System, der linken Gehirnhälfte) sozu-

sagen entworfen und von den kritischen Funktionen dann wieder verworfen.

Diese kritischen Funktionen sind freilich weniger verlässlich, als es sich die menschliche Vernunft erträumt. Wenn äußere Umstände ihr soziales Gedeihen begünstigen, werden auch in modernen Gesellschaften so viele Berserker und Amokläufer entstehen, wie unter den Malayen oder Wikingern. Wenn wir eine Stahlkette belasten, wird irgendwann eines ihrer Glieder reißen. Erst dann wissen wir, dass es sich um das schwächste Glied dieser Kette handelte. Wenn wir vorher jedes einzelne Glied unter einem Mikroskop untersuchen und vielleicht zusätzlich noch mit Röntgenstrahlen fotografieren würden, wäre uns vielleicht die Voraussage möglich, dass dieses Glied als erstes brechen wird. Wir könnten winzige, mit dem bloßen Auge unsichtbare Risse finden, Mängel im Gefüge der Legierung.

Wir würden einen Betrachter für naiv halten, der behauptet, Stahlketten seien unberechenbar, die brechenden Glieder hätten die ganze Zeit genau so ausgesehen wie die stabilen. Wir würden ihn belehren, dass er nichts von Metallurgie versteht und kein Mikroskop handhaben kann und sich daher hüten sollte, sein Urteil, das auf seinem Augenschein beruht, für der Weisheit letzten Schluss zu halten.

Angesichts der Amoktäter, Terroristen und Selbstmordattentäter der Gegenwart ist diese Naivität weit verbreitet. Weil die Suche nach den psychischen Dispositionen fast immer erst dann einsetzt, wenn der Amoklauf stattgefunden hat, ziehen sich viele Autoren in eine billige Kritik nachträglicher Analysen zurück. Aber damit wird eine Frage vernebelt, die durchaus beantwortet werden kann.

In jedem Amoklauf müssen zwei Komponenten untersucht werden:

a) traumatische Einflüsse, welche die Kränkungsaggression geweckt haben, und

b) das Versagen der Hemmung primitiver, magischer Reaktionen, in denen die Gewalt allmählich zur universellen Lösung einer narzisstischen Krise wird.

Insofern ist die Metapher der Explosion auch angesichts der Entwicklung solcher narzisstischen Krisen sinnvoll. Zur Explosion kommt es nur, wenn verschiedene Bedingungen zusammentreffen. Wenn das Pulver feucht wird oder der Zündfunke erlischt, ist die Bombe harmlos.

Wenn wir Zeit für eine gründliche Untersuchung haben, ist es möglich, potenzielle Amokläufer und Attentäter etwa ebenso verlässlich zu erkennen wie Suizidgefährdete. Wir können auch Hinweise geben, welche Maßnahmen für eine Vorbeugung sinnvoll sind. Ob diese dann durchgeführt werden, ist leider eine andere Frage.

So ist es beispielsweise schon lange bekannt, dass die wichtigste einzelne Ursache von Kriminalität eine unsichere Bindung des Kindes an seine Eltern und damit ein Defizit in der Entwicklung von Empathie ist. Aber das Versagen der Familienpolitik, Kinder vor massiven Traumatisierungen durch uninteressierte, unfähige (z. B. süchtige) oder perverse Eltern zu beschützen, wird immer wieder deutlich. Der staatliche Aufwand, Kriminelle zu verfolgen und zu bestrafen, ist erheblich größer als alles, was zur Prophylaxe unternommen wird.

13.
Begrenzung –
Behandlung –
Heilung

Aus der psychologischen Analyse des explosiven Narzissmus lassen sich zwei Modelle ableiten, wie wir mit ihm umgehen und seine Gefahren mäßigen können. Das erste ist negativ – es läuft darauf hinaus, alles zu vermeiden, was die Explosionsgefahr erhöht und somit das Risiko vermindert. Das zweite ist positiv: Es enthält Strategien, wie es gelingen kann, eine bestehende Explosionsgefahr zu neutralisieren, eine narzisstische Kränkung abzubauen.

Beide Wege aus dieser Gefahr haben einen Nachteil: Sie erfordern Aufmerksamkeit und Disziplin. Sie bieten nicht die bequemere (Schein)Lösung der Verleugnung. Und sie widersetzen sich dem Wunsch, durch eine Art *guter Explosion* die Gefährdung durch die böse aus der Welt zu schaffen. Wer verspricht, einen *Krieg gegen den Terror* zu gewinnen, ist von dem Übel angesteckt, das er zu bekämpfen glaubt. Wer die Entwicklung zur Explosion aufhalten will, darf sich nicht in seinen eigenen konstruktiven und einfühlenden Haltungen beirren lassen, wenn er auf einen Partner stößt, der destruktiv ist, sich nicht einfühlen kann, ihn angreift und entwertet.

Wer professionell mit Kränkungen umgeht, *leugnet sie nicht und bekämpft sie nicht mit Gegenkränkungen.* Er entschuldigt sich grundsätzlich, wenn er durch seine Handlungen jemandem seelischen Schmerz zugefügt hat. Beispiel: Der Arzt gibt eine Injektion. Er kann sagen: *Es tut mir leid, dass es weh tut!* oder *Es ist ja nur ein kleiner Pieks!* oder gar *Sei kein Waschlappen!*

Im Folgenden sollen die Strategien des Umgangs mit dem explosiven Narzissmus auf den bereits genannten fünf Ebenen betrachtet werden.

a) Die frühen Verletzungen des Reizschutzes
Wir wissen heute, dass Kinder durch instabile, unzuverlässige oder nicht einfühlende Bezugspersonen seelisch verletzt werden und dann später ihre Emotionen nicht mehr gut regulieren können. Aber es ist leider so, dass solche Einsichten in das Schicksal anderer Kenntnisse über langfristige Zusammenhänge teilen.

Es fällt dem Menschen schwer, eine schnelle Bequemlichkeit aufzugeben, um auf lange Sicht etwas zu gewinnen. Dieser Gesichtspunkt ist angesichts kindlicher Traumatisierungen vielleicht wichtiger als überall sonst. Die Sozialpolitiker handeln so, als ob Kinder ganz einfach zu betreuen wären und sich einfühlende Eltern auf dem Weg über Strafdrohungen schaffen lassen. Im Handeln der Eltern spiegelt sich diese Kurzsichtigkeit. Das verletzte, gekränkte Kind zieht sich zurück, es ist nicht mehr lästig, es stört den Erwachsenen nicht mehr in seiner Illusion, dass er beides haben kann: liebenden Nachwuchs und rücksichtslose Durchsetzung seiner Interessen.

b) Triebtätigkeit und Fantasie
Die frühen Verletzungen des Reizschutzes und die im vorsprachlichen Bereich entstandenen Kränkungen mindern die narzisstische Belastbarkeit und bahnen späteren Konflikten den Weg. Diese bleiben Kindern erspart, die dank einer ausreichenden frühen Versorgung mit Aufmerksamkeit in sich ruhen und angesichts einer Kränkung nicht sofort zum Gegenangriff übergehen. Sie haben die Erfahrung

gemacht, dass es in einer solchen Situation sinnvoll ist, erst einmal das eigene Leid auszudrücken und dem Gegenüber Raum für seine Antwort geben. Sobald Erwachsene und Kinder miteinander sprechen können, wird es möglich, sich über Kränkungen auszutauschen und Wege zu finden, sie gemeinsam zu mindern. Gleichzeitig entsteht die Gefahr, Kinder durch Drohungen ängstlich zu machen. Die narzisstische Störung weckt Ängste vor erneutem seelischen Schmerz und aktiviert dadurch den Flucht-Kampf-Mechanismus. Daher wird sie sehr oft durch den Zwang zu schnellen Reaktionen verschärft. Die Kränkung muss *schnell* beantwortet werden, durch Rückzug oder Angriff; dadurch werden Gegenkränkungen gesetzt und Lösungen erschwert. Wer angesichts einer Beleidigung sofort flieht oder zuschlägt, kann nicht mehr klären, ob sie auf böser Absicht beruht oder auf einem Versehen.

Die Funktion des Gegenübers, um solche Reaktionen aufzufangen, lässt sich mit dem Begriff des *Containment* umschreiben, den Wilfred Bion geprägt hat. Es geht darin um die Fähigkeit eines Therapeuten oder Erziehers, Überreaktionen in sich aufzunehmen, ohne sie zu bekämpfen oder zu entwerten. Auf diese Weise findet ein verletzter Mensch oft zu einer Möglichkeit, seine Empfindungen und Wünsche zu unterscheiden und sich von ihnen zu distanzieren.

Der Verzicht auf Beziehungen, die von schnellen Bewertungen getragen sind, hilft, eine Lösungskultur zu entwickeln, in der Einfühlung in die Kränkung eines anderen möglich ist und Versuche sinnvoll erscheinen, sich mit ihm auszutauschen und zu einigen. Der Gegensatz ist eine Kampfkultur. In ihr dominiert das Streben, den Gegner ins Unrecht zu setzten, ihn zu beschämen, zu entwerten, zu besiegen, zu vernichten.

Gezügelt wird dieses Streben durch Angst vor Schmerz – wie der Strafe für eine kriminelle Aktion, der Missbilligung von Autoritäten, wirtschaftlichen Einbußen. Stimuliert wird es durch die Hoffnung auf einen Sieg. Das verzweifelte Kind, das sich ausmalt, wie seine Feinde an seinem Grab weinen werden, ist der Schatten des Ich-Erzählers in Heinrich Heines Beispiel vom guten Leben.[55]

c) Aktuelle Kränkungssituation

Die Verarbeitung von Kränkungen begleitet uns, solange wir leben. Das Kind fantasiert, dass die Erwachsenen so mächtig und so satt sind, dass sie über Kränkungen erhaben sind. Nicht selten erkennt ein traumatisierter Patient erst in einer Analyse, wie kränkbar er selbst oder aber auch seine Eltern waren. Diese Verblendungen hängen mit den narzisstischen Ängsten zusammen: Wer selbst Angst hat, ist nicht in der Lage, die Angst eines Gegenübers wahrzunehmen; er sucht nur noch nach einer Entlastung für seine eigene Angst. Daher werden kränkende Bezugspersonen als übermächtig erlebt; das belegen auch unreflektierte *mobbing*-Modelle.

Die menschliche Kränkbarkeit wirkt auf viele Personen unberechenbar und rätselhaft. Das liegt nicht daran, dass wir sie nicht erforschen und einschätzen können, sondern *dass sie uns kränkt*. Wir sind beleidigt darüber, dass uns das Leben beleidigen kann, wir neigen dazu, Kränkungen zu verleugnen, sie abzustreiten, uns der Einsicht in sie zu verweigern. Aus diesem Grund sind körperliche Krankheiten beliebter als seelische Probleme.

Schon früh ist es Beobachtern aufgefallen, dass manche Menschen viel gelassener mit Kränkungen umgehen können als andere. So reagieren manche auf eine berufliche Kränkung – etwa das Übergangenwerden bei einer Beförderung – mit einer heftigen Depression und werden fast arbeitsunfähig, während andere das Ereignis mit einem Achselzucken quittieren und ihren nächsten Urlaub planen, in dem sie eines ihrer Hobbys weiterentwickeln wollen. Wer alle narzisstische Bestätigung aus dem Beruf zieht und sich als Partner, als Freund, als Freizeitgestalter ohnehin als Versager fühlt, der wird einen Rückschlag in diesem Feld als viel massiveren Einbruch erleben. Das gleiche gilt für die Selbstobjekte. Wer viele solcher Stützen hat, in einem Netz von Beziehungen lebt, die er als bestätigend empfindet und notfalls aktivieren kann, ist besser gegen Einbrüche geschützt als der Einsame, der Sonderling, der Misstrauische.

Die wirksamsten Mittel gegen die narzisstische Kränkung sind nicht Disziplin, Kontrolle oder hohe moralische Ideale, sondern ein bestätigender Austausch mit der Umwelt und das Gefühl eigener, kreativer Möglichkeiten, sich selbst, seine Tätigkeit und seine Kontakte zu entwickeln.

d) Die kulturelle Gestaltung des Werterlebens
Die Konstruktion einer spezifischen Grandiosität ist eine zentrale Aufgabe der Kultur. Jedes Leitbild hat illusionäre Qualitäten. Die Kultur muss karikieren, verdeutlichen, idealisieren. Sie schafft Helden in Wort und Bild, gewinnt Macht über die Individuen, indem sie ihnen Riten anbietet.
Wissenschaften wie die Psychoanalyse und die Soziologie versuchen, den Menschen zu zeichnen, wie er ist, und die Überschätzungen zu benennen, die die Kultur ihm auferlegt. An dem von Freud beschriebenen Wesen von schwacher Intelligenz, das den Trieben unterworfen ist und eine starke Führung braucht, um nicht zu entgleisen, ist so wenig Grandioses wie an Niklas Luhmanns Betrachtung der Gesellschaft als System von Funktionen.

Die Zivilgesellschaft beruht darauf, dass ein Konsens entstanden ist, nicht auf die Möglichkeiten des Menschen zu vertrauen, seine Grandiosität individuell zu stabilisieren. Der demokratisch kontrollierte Rechtsstaat ist jene Kultur, in der wir uns überhaupt erst einmal über etwas wie den explosiven Narzissmus Gedanken machen und Strategien diskutieren können, wie es möglich ist, ihn einzudämmen. Über Grandiosität kritisch zu sprechen gelingt erst, wenn eine Elite nicht mehr in theologischen, sondern in weltlichen Kategorien denkt.

e) Die Welt der Dinge, der Waffen
Die Industriegesellschaft hat dazu geführt, dass die Welt mit Dingen überschwemmt wurde, die durch neue Formen der Energiegewinnung erzeugt wurden und die Strukturen der menschlichen Psyche umformen. Die Veränderungen des menschlichen Selbstgefühls durch seine Waren-Prothesen sind immens; ihre Untersuchung steckt noch in den Anfängen. Sie wird dadurch erschwert, dass es sich bei der Warenwelt um eine expansive Weltkultur handelt, die es fast unmöglich macht, einen Außen-Standpunkt zu gewinnen.
Die Prothesen des menschlichen Narzissmus steigern seine Reichweite, seine Geschwindigkeit und seine Zerstörungskraft. Das Selbstgefühl entwickelt sich in der Konsumgesellschaft einerseits zu realitätsverleugnenden Größenfantasien, andererseits ist es viel stärker als in traditionellen Gesellschaften durch schwere Einbrüche gefährdet.
Die festen Stützen der traditionellen Gesellschaft, die auf körperlicher Arbeit und Austauschbeziehungen zu real anwesenden Personen beruhen, sind geschwächt worden. Die Realität ist einer virtuellen Konkurrenz ausgesetzt, welche die Orientierung junger Menschen erschwert und die Ado-

leszenz dramatisch verlängert. Wo und wann immer sie wollen, können Konsumentinnen und Konsumenten schöne Dinge, schöne Menschen, aufregende Beziehungen, wunderbare Landschaften, dramatische Liebe und aufregende Gewalt herbeizaubern. Grandiosität wird als Selbstzweck präsentiert.

Werbung als Produktion von Bekanntheit dominiert das öffentliche Bewusstsein so sehr, dass gut sein muss, was bekannt wird. Aufmerksamkeit ist scheinbar leicht zu haben; wer *in die Medien kommt*, ist allein schon deshalb grandios.

Die Vorstellung, aus einer namenlosen, vom Kränkungs-Zusammenbruch bedrohten Existenz durch eine narzisstische Explosion endlich die vermisste und erträumte Grandiosität durch Öffentlichkeit zu finden, wird zu einem zentralen Risiko der Konsumgesellschaft.

Automobile, Computer, Waffen, mediale Systeme sind Stützen der Grandiosität, die das Selbstgefühl unmerklich aufblähen und mit dem menschlichen Ich verschmelzen. Die virtuellen Stützen des Selbstgefühls steigern das Risiko des explosiven Narzissmus, weil sie dem Ich häufig Steigerungen seiner Grandiosität versprechen, die nicht eingehalten werden können.

Die virtuelle Kontrolle über die Umwelt bringt das Risiko mit sich, dass die Fähigkeiten schwinden, mit Einbrüchen der so gestützten Grandiosität noch fertig zu werden. Je weniger feste Stützen das Selbstgefühl hat – reale Erfolge, reale Beziehungen zu geliebten Menschen –, desto mehr baut es gesteigerte Ansprüche an Grandiosität auf virtuelle Stützen.

Diese Gefährdungen werden noch sehr wenig reflektiert; mächtige wirtschaftliche Interessen stehen dem entgegen. Bisher hat sich nur in dem Verzicht auf die reißerische Dar-

stellung von Selbstmorden (vor allem Jugendlicher) ein ers-
ter Ansatz der Selbstbegrenzung durchgesetzt. Die mediale
Produktion von Ruhm durch Terror reizt unangefochten zur
Nachahmung.

Schluss

Wenn wir die Selbstgefühlsprobleme junger Männer mit einer gescheiterten Vaterbeziehung und/oder einem entwerteten Bild des Vaters in der Familie erforschen, leuchtet die große Faszination des Islam ein. Er bietet eine korrigierende Erfahrung der Aufnahme in einen mächtigen Männerbund. In der Adoleszenz geraten solche von ihrem Vater enttäuschten und verlassenen Söhne in heftige innere Schwierigkeiten.

Sie können sich schlecht von der Mutter lösen und sind so kränkbar, dass sie in einer Beziehung mit gleichaltrigen Frauen keinen Halt finden. Ihre Chancen, die narzisstische Wut über ihre Misserfolge zu neutralisieren, sind sehr gering und engen ihre sozialen Möglichkeiten weiter ein. Auch ohne das Dschihad-Element kann diese Situation zu heftigsten Gewaltausbrüchen führen, wie die Amokläufe in Schulen zeigen.

Es wäre falsch, allen Konversionen zum Islam solche Elemente der Kompensation einer narzisstischen Störung zu unterstellen. Es gibt Männer und Frauen, die aus Gründen konvertieren, die eher eine gereifte und nachdenkliche Persönlichkeit verraten. In diesen Fällen beruht der Wechsel der Religion nicht darauf, dass Erleichterung angesichts einer Selbstgefühlsproblematik gesucht wird. Die Konversion ist partnerbezogen. Sie führt in die Realität einer Liebesbeziehung *hinein*, nicht aus ihr *heraus* in die narzisstische Grandiosität des selbstgerechten heiligen Kriegers.

Diese Frauen und (seltener) Männer bekehren sich nicht, um den subjektiv unerträglichen Forderungen einer reifen Beziehung zu entgehen. Sie tun es im Gegenteil, um die narzisstische Bedürftigkeit eines Partners zu achten, der sich nicht vorstellen kann, eine Liebesbeziehung mit einer Person zu führen, welche in seinem Wertesystem ungläubig und zur ewigen Verdammnis bestimmt ist.

Das Bundesamt für Verfassungsschutz geht von 40.000 Islamisten in Deutschland aus. Solche Zahlen sind kritisch zu bewerten; jede Behörde legitimiert sich durch großzügige Einschätzungen ihres Aufgabengebietes. Aber es gibt einen Nährboden, in dem auch gefährliche Entwicklungen stattfinden können. Sehr viel schneller als in traditionell muslimischen Familien reißt bei den islamistischen Konvertiten der Kontakt zu den Ursprungsfamilien ab.

Wenn nun auch Integrationsversuche in der neuen, muslimischen Welt scheitern, besteht die Gefahr, dass immer radikalere Gruppen gesucht werden, die den narzisstischen Abwehrmechanismus unterstützen: Es liegt nicht an mir, sondern es liegt an einer Umwelt, welche meine (bzw. die Größe meines Gottes) nicht achtet und daher jede Rache verdient. Wer in einer muslimischen Enklave lebt, kein dauerhaftes Einkommen hat und sich durch Schulden oder Kleinkriminalität über Wasser hält, gerät in einen inneren Widerspruch, der sich rasch vertieft. Realität und Größenvorstellung passen nicht zusammen. Diese Gestrandeten sind willige Opfer einer radikalen Predigt, welche die gottlose westliche Gesellschaft für das Scheitern der Glaubensbrüder verantwortlich macht.

Aus diesem Szenario lassen sich die Schwierigkeiten ableiten, die einer Therapie dieser narzisstischen Dynamik im Weg stehen. Sie gleichen denen der Behandlung Drogenabhängiger. Es geht darum, eine Stütze des Selbstgefühls aufzugeben, die umso unentbehrlicher scheint, je abschüssiger der Weg geworden ist. Der Junkie, der großspurig im Rausch seine Familie und seine Freunde vertreibt, ist mehr denn je auf den Trost der Droge angewiesen, nicht anders als der inhaftierte Glaubenskrieger, der seinen Fanatismus festhalten muss, weil seine Aus-

sichten so erbärmlich sind, ein einziges seiner Ziele zu erreichen – mit Ausnahme des eigenen Ruins.

Dennoch ist in beiden Fällen eine Behandlung möglich. Sie
ist nicht einfach, denn sie setzt Geduld und Respekt vor der
Macht von Selbstgefühlsstörungen voraus. Sie beruht, anders
als die klassische Psychotherapie, nicht auf Freiwilligkeit, sondern auf einer ausgewogenen Mischung von sozialem Druck,
Kontrolle und Unterstützung, um erst einmal die Möglichkeiten zu gewinnen, dass ein auf Einsicht in die eigene Störung
beruhendes Bündnis mit dem Therapeuten geschlossen werden
kann.

Eine solche Therapie müsste bei jungen Menschen mit dem
Symptom der Sehnsucht nach Terror und Selbstzerstörung
wahrscheinlich einen islamischen Kontext haben. Die Muslime
haben eine lange Tradition der Rolle des Mediators, des Frie-
densstifters, der die Scheichs verfeindeter Stämme in das Ver-
handlungszelt geleitet. Im Nordjemen wird überliefert, ein solcher Vermittler und Versöhner sei in der Dynastie der Zaiditen
zu königlicher Würde erhoben worden.

Es ist ein kompliziertes Ding mit dem Glauben und den
Gläubigen. Menschen sind ungeduldig und neigen zu Spaltun-
gen, auch zu der in Anhänger und Feinde ihres Glaubens. Wer
aber mit offenem Herzen in einem traditionell geprägten islamischen Land wie dem Jemen reist, gewinnt Respekt und etwas
wie Liebe zu einem Glauben, der nicht der seine und ihm doch
nicht gleichgültig ist. Nicht der Krieg, sondern Gastfreund-
schaft und Marktfriede, Sicherheit der Verträge und der Han-
delswege haben den Islam groß gemacht.

Da sich genau diese Haltungen des friedlichen Austauschs
in der Behandlung narzisstischer Störungen bewährt haben,
möge der kritische Leser verzeihen, wenn ich mir eine Behand-
lungsstätte für verstörte Islamisten in den Bergen des Jemen

entwerfe. Dort habe ich selbst oft und einprägsam erlebt, dass sich Frömmigkeit und freundliche Aufnahme des Fremden bestens vertragen, wenn dieser bereit ist, Handel zu treiben und ebenso zu geben wie zu nehmen. Es wäre den Versuch wert, wenigstens einen Teil der Gelder, die gegenwärtig für Waffen und den Weg in den Überwachungsstaat ausgegeben werden, in eine islamische Stiftung zu lenken.

Sie soll sich das Ziel setzen, den Dschihad der Selbstzerstörung in den Dschihad der Suche nach innerem Frieden zu verwandeln. Und ähnlich wie Drogensüchtigen die Wahl zwischen Freiheitsstrafe oder Therapie angeboten wird, sollten auch die Todessüchtigen ein solches Angebot erhalten.

Anmerkungen

1. Alex P. Schmid u. Janny de Graaf: Violence as Communication. Insurgent Terrorism and the Wester News Media, London 1982.
2. George Woodcock (Hg.): The Anarchist Reader, Glasgow 1970, S. 43f.
3. Menachem Begin: The Revolt. Story of the Irgun, Jerusalem 1977.
4. Michael Joseph Cohen: Palestine and the Great Powers, 1945–1948, Princeton 1982, S. 250.
5. Alex P. Schmid et al.: Political Terrorism. A New Guide, New Brunswick 1988, S. 5. Vgl. Bruce Hoffmann: Terrorismus – Der unerklärte Krieg, Frankfurt a. M. 2001.
6. Brian Michael Jenkins: International Terrorism. A New Mode of Conflict. In: David Carlton u. Carlo Schaerf (Hg.): International Terrorism and World Security, London 1975, S. 16.
7. Wolfgang Schmidbauer: Die hilflosen Helfer, Reinbek 1977, 1997. Ders.: Helfen als Beruf. Die Ware Nächstenliebe, Reinbek 1983, 1996.
8. Carlos Marighela; Pensiamento Critico, Nr. 37, Februar 1970.
9. Bruce Hoffmann: Terrorismus – Der unerklärte Krieg, Frankfurt a. M. 2001. Der Autor verrät wenig Kenntnis von Kriminellen, wenn er behauptet, dass diese ihre »unehrenhaften oder vollkommen selbstsüchtigen Gewaltaktivitäten« problemlos zugeben können.
10. Gudrun Brockhaus: Schauder und Idylle, München 1998.
11. Bruce Hoffmann: Terrorismus – Der unerklärte Krieg, Frankfurt a. M., S. 55.
12. Ich danke Mike Lingenfelser vom Bayerischen Rundfunk (report München), der mir das entsprechende Video und die Hintergrundinformationen zugänglich gemacht hat. Die Sendung, in der das Video gezeigt (und ein Interview mit dem Autor geführt) wird, wurde im Februar 2008 ausgestrahlt.
13. Christian Denso, Drei Männer im Bus, Die Zeit Nr. 45, 30. 10. 2008, S. 12. Die Todesangst lässt sich daraus ableiten, dass die jungen Muslime bereits in ihrer Heimat Tschetschenien verfolgt und zum Teil gefoltert worden waren.
14. Jürgen Elsässer, Der vierte Mann, Geheim Nr. 4/2007, S. 3–6, im Internet abrufbar.
15. ARD-Magazin Monitor am 25. September 2008.
16. DER SPIEGEL am 8. 9. 2008.

17. Die Arbeit von Ibrahim Ghubbar, Wie wird man zum Terroristen?: Ein Biografievergleich von Andreas Baader und Ulrike Meinhof mit den zwei deutschen Fundamentalisten Fritz Gelowicz und Daniel Schneider (Grin-Verlag 2008), leidet sehr unter dem Mangel an biografischen Details über die Islamisten, aber auch an der Ungleichgewichtigkeit zweier sehr prominenter Täter mit zwei »Möchtegern-Kämpfern«, die bereits während ihrer Drohgebärden verhaftet wurden.
18. ZDF-Interview, im Internet abrufbar unter Eric Breininger Video.
19. Arnold Winkelried soll am 9. Juli 1386 bei der Schlacht von Sempach ein Bündel Lanzen der Habsburgischen Ritter gepackt und sich selbst aufspießend den Eidgenossen eine Bresche geöffnet haben. Der Legende nach soll er vorher noch die Worte »Sorget für mein Weib und Kind« gesagt haben. Die bekannteste Variante seiner letzten Worte ist: »Der Freiheit eine Gasse!«
20. Die Legende berichtet, dass Scaevola Rom gerettet hat, als die Stadt im Jahre 508 v. Chr. von dem Etruskerkönig Lars Porsenna belagert wurde. Scaevola soll versucht haben, Porsenna zu töten. Als er ergriffen wurde, streckte er vor den Augen Porsennas seine rechte Hand in eine offene Flamme. Die Hand verbrannte, ohne dass Scaevola sich von den Schmerzen beeindrucken ließ. Porsenna war derart überwältigt, dass er die Belagerung Roms abbrach.
21. Verwandt ist die Geschichte vom Skorpion, der von einer Kröte über einen Fluss getragen wird und mitten im Strom die Kröte fragt, warum sie so töricht sei, ein Geschöpf mit einem gefährlichen Giftstachel auf ihren Rücken zu nehmen. Die Kröte sagt, sie sei sich ihrer Sache sicher, denn wenn sie sterbe, müsse auch der Skorpion ertrinken. Um sich gegen diese Krötenlogik zu behaupten, sticht der Skorpion und beide gehen zu Grunde.
22. Friedrich Theodor Vischer: Auch Einer. Eine Reisebekanntschaft, Leipzig o. J., S. 18.
23. Vgl. Thomas Giernalczyk: Lebensmüde, München 1995.
24. Christoph Reuter: Mein Leben ist eine Waffe. Selbstmordattentäter. Psychogramm eines Phänomens, München 2002 verbindet Khomeinis Märtyrer-Kult mit der schiitischen Tradition, in der Kerala dieselbe Bedeutung hat wie Masada für die Juden oder Alamo für die Texaner.
25. Den aktuellen Stand der Forschung fasst Christoph Reuter: Mein Leben ist eine Waffe. Selbstmordattentäter. Psychogramm eines Phänomens, München 2002, zusammen.

26. Fast alle Sheiks der Assassinen kamen durch Mord an ihren Angehörigen an die Macht oder ermordeten Angehörige, um an der Macht zu bleiben. Hassan, der Gründer, ließ seine beiden Söhne töten. Mohammed I. ließ 250 Anhänger seines Sohnes Hassan töten, worauf Hassan sich unterwarf. Als Hassan dann an die Macht kam, wurde er nach vier Jahren ermordet, sein Nachfolger Mohammed II. wurde von seinem Sohn vergiftet. Auch der letzte Herrscher der Assassinen, Rukneddin, kam durch Mord an seinem Vater Ala-ed-din Mohammed III. an die Macht.

27. Jakob Augsteinzitiert sie respektvoll: Süddeutsche Zeitung vom 13.9.2001.

28. Auch im »Krieg gegen den Terror« ist die Wahrheit das erste Opfer auf dem Schlachtfeld. In den arabischen Ländern kursiert die Theorie, dass hinter dem Attentat eine Verschwörung der CIA steht, um die arabische Welt zu diskreditieren und Gründe zu finden, ihre Ölvorräte zu kontrollieren.

29. Anfangs erhielten die Eltern dieser Kindersoldaten den »Märtyrerausweis«, der sie mit einer Reihe sozialer Vergünstigungen versah. Khomeini: »Der Baum des Islam kann nur wachsen, wenn er ständig mit dem Blut der Märtyrer gedüngt wird.« Vgl. Christoph Reuter: Mein Leben ist eine Waffe. Selbstmordattentäter. Psychogramm eines Phänomens, München 2002, S. 78.

30. Die Quelle für die Jugend Osamas ist ein Interview mit seinem Barbier im Mideast Mirror.

31. »We put five hundred million dollars into Afghanistan in 1987 alone, and the Saudis matched us bill for bill.« So zitiert Mary Anne Weaver einen CIA-Mann, der damals in Peshawar arbeitete.

32. Benjamin R. Barber: Coca Cola und Heiliger Krieg. Der grundlegende Konflikt unserer Zeit, München 1996.

33. »Theurer Wilhelm! Also geht es dir ebenso, brauche ich mich nicht zu schämen. Auch du beginnst Briefe am 11., die du erst am 16. fortsetzen kannst; und am 16. kannst du von nichts anderem schreiben als von der einen ungeheuerlich großen, für die Kräfte des armen Menschen allzu schweren Arbeit, der jede Regung des Denkens gehört und die allmählich alle anderen Fähigkeiten und Empfänglichkeiten aufsaugt, eine Art von Neoplasmagewebe, das sich ins Menschliche infiltriert und es dann ersetzt … Arbeit und Erwerbstätigkeit fallen bei mir zusammen, ich bin ganz Karzinom geworden. Das Neugebilde trinkt in seinen letzten Entwicklungsstadien gern Wein; heute soll ich ins Theater; es ist aber lächerlich, gleichsam als wollte man aufs Karzinom transplantieren. Da haftet nichts und

meine Lebensdauer ist von nun an die des Neoplasmas.« Sigmund Freud: Briefe an Wilhelm Fliess (1887–1904), Frankfurt a.M. 1986, S. 37.

34. Orhan Pamuk, Trostlose Vertröstungen. Es ist vor allem das Gefühl der Erniedrigung in den islamischen Ländern, das dem Frieden im Weg steht: Süddeutsche Zeitung vom 28. 9. 2001. Der Autor ist einer der bekanntesten Schriftsteller in der Türkei. Dieses von Kemal in die Modernität gezwungene, von einer aufgeklärten Elite in chronischem Bürgerkrieg regierte Land hat ebenfalls versäumt, den Armen, den Bauern, den zurückgebliebenen Schichten zuzuhören und sie ernst zu nehmen.

35. Thorsten Schmitz: Ins Paradies gesprengt. In: Süddeutsche Zeitung vom 22. 6. 2001, S. 3.

36. Der Staat Israel beschlagnahmt die sterblichen Überreste von Selbstmordattentätern und vergräbt sie an einem geheimen Ort – eine der vielen törichten Gesten, die die Eskalation zwischen den verfeindeten Völkern steigern und die Beteuerung widerlegen, es handle sich schließlich um »gewöhnliche Kriminelle«. Jeder Verbrecher, jeder feindliche Soldat steht unter dem Schutz von Gesetzen.

37. Die Spaltung des Mutterbildes ist ein Gedanke von Melanie Klein, der sich im Alltag beobachten lässt, wenn z. B. ein Kleinkind laut »Mama, Mama« schreit, wenn es von der Mutter bestraft wird. Es ruft nach der »guten« Mutter und wünscht sich deren Hilfe gegen die »böse« Mutter. Nur ein Mann, der gute und böse Seiten seiner Mutter integrieren kann, ist auch in der Lage, eine stabile sexuelle Beziehung aufzubauen. Der Einwand, dass (selten einmal) Selbstmordattentäter verheiratet sind, zeigt die Uneindeutigkeit aller psychologischen Aussagen über die Motive unseres Verhaltens. Gegen ihn lässt sich anführen, dass Eheschließung und Zeugung von Kindern zwar auf eine Reife des Selbstgefühls hinweisen, aber sie nicht beweisen, weil sie auch die äußerliche Anpassung eines dennoch infantil strukturierten Mannes ausdrücken können.

38. So wurden die B 52-Bomber der USA genannt, die Nord-Vietnam in Schutt legten.

39. Nasra Hassan: Mit einem Knall ins Paradies. In: Süddeutsche Zeitung Magazin 4 vom 25. 1. 2002, S. 25.

40. Diese Äußerung bestätigt das Motiv des emotionalen Neides in seiner Umkehrung: Der Terrorist will den Frieden und das Glück aller zerstören, die nicht so leiden wie er; dieselbe Haltung unterstellt er hier den Israeli, die kaum ein Interesse haben, einen Araber deshalb zu foltern, weil er vergnügt ist.

41. Nasra Hassan: Mit einem Knall ins Paradies. In: Süddeutsche Zeitung Magazin 4 vom 25.01.2002, S. 25.

42. Die Organisationen, die die Attentäter vorbereiten, entschädigen die Angehörigen der Täter bereits auf Erden. Die Familie erhält für den Toten ein Schmerzensgeld von 3.000 bis 5.000 Dollar.

43. Die Fasce, Symbol der Bewegung Mussolinis, sind Bündel aus einem Henkersbeil und Ruten für die Prügelstrafe.

44. Science 321, 2008, S. 1667.

45. Freud hat diese Beobachtung mit dem Gedanken kommentiert, dass das Kind nicht das elterliche Ich, sondern das Über-Ich in sich aufnehme. Es identifiziere sich mit der Struktur, die das Innere der Eltern dominiere, nicht mit der Fähigkeit der Eltern, die äußere Realität zu bewältigen.

46. S. J. von Romocki: Geschichte der Explosivstoffe, Berlin 1895, Nachdruck Hildesheim 1976.

47. Das erste amerikanische Opfer im Afghanistan-Krieg, der 31-jährige Elitesoldat Nathan Ross Chapman, wurde nach einer AFP-Meldung von einem Zwölfjährigen mit einer Kalaschnikow erschossen. Vgl. Süddeutsche Zeitung vom 8.1.2002, S. 8. Wie sehr im Verhalten dieser Jugendlichen kindliches Spiel und blutiger Ernst zusammenfallen, zeigen die Amokschützen von Littleton, die neben anderen mörderischen Fantasien auch die aufzeichneten, ein Verkehrsflugzeug zu kapern und es in das World Trade Center zu lenken, oder der 15-jährige Flugschüler Charles Bishop, der am 5. Januar 2002 eine Cessna in ein Hochhaus in Tampa/Florida steuerte und sich so das Leben nahm. In der Maschine fand die Polizei einen Zettel, auf dem sich der Teenager als Fan von Osama bin Laden bezeichnete.

48. Siehe auch Psychologie und Gesellschaftskritik 102/103, Gießen 2002.

49. Wolfgang Sofsky: Zeiten des Schreckens, Amok, Terror, Krieg, Frankfurt a. M. 2002.

50. Klaus Mann: Die Heimsuchung des europäischen Geistes. In: Auf verlorenem Posten. Aufsätze, Reden, Kritiken, Reinbek 1994, S. 542. Den Hinweis auf diese Passage verdanke ich dem Herausgeber des Bandes, Dr. Uwe Naumann. Der Aufsatz entstand im Jahr von Klaus Manns Suizid, 1949.

51. Jürgen Kind: Psychodynamische Aspekte von Suizidalität. In: Thomas Giernalzyk (Hg.): Suizidgefahr, Tübingen 1997, S. 75.

52. Vgl. die Serie »Mortal Combat«, in der das Überleben der Erde vom Sieg eines irdischen Kämpfers gegen den Vertreter von »Outworld« abhängig

ist, der jedem besiegten und getöteten Gegner die Seele raubt, um durch sie seine Kraft zu steigern.

53. Vgl. Robert Ranke-Graves: Griechische Mythologie, Reinbek 1960.
54. The Book of Duarte Barbosa, London 1921. Vgl. auch Wolfgang M. Pfeiffer: Transkulturelle Psychiatrie, Stuttgart 1971.
55. »Ich habe die friedlichste Gesinnung. Meine Wünsche sind: eine bescheidene Hütte, ein Strohdach, aber ein gutes Bett, gutes Essen, Milch und Butter, sehr frisch, vor dem Fenster Blumen, vor der Tür einige schöne Bäume, und wenn der liebe Gott mich ganz glücklich machen will, lässt er mich die Freude erleben, dass an diesen Bäumen etwa sechs bis sieben meiner Feinde aufgehängt werden. Mit gerührtem Herzen werde ich ihnen vor ihrem Tode alle Unbill verzeihen, die sie mir im Leben zugefügt – ja man muss seinen Feinden verzeihen, aber nicht früher, als bis sie gehenkt werden.«
a) Heinrich Heine: Eine Lese seiner Werke. Gedichte, Reisebilder, Kunstbriefe, Gedanken und Einfälle [Ausw. u. Bearb. von Günter Schab], Düsseldorf 1946.
b) Heinrich Heine: Werke in 13 Teilen, [Bd. 3], Tl. 8: Reisebilder: 3.4 Gedanken und Einfälle, Berlin [1908].

Literatur

Adler, Lothar: Amok – Eine Studie, Berlin 1999.

Anderson, Benedict: Die Erfindung der Nation. Zur Karriere eines erfolgreichen Konzepts, Frankfurt 1993.

Aust, Stefan u. Cordt Schnibben (Hg.): 11. September. Geschichte eines Terrorangriffs, Stuttgart 2002.

Balint, Michael: Therapeutische Aspekte der Regression, Stuttgart 1959.

Barber, Benjamin R.: Coca Cola und Heiliger Krieg. Der grundlegende Konflikt unserer Zeit, Erg. Neuaufl. München 2001.

Barboza, Stephen: American Jihad after Malcolm X, New York 1994.

Begin, Menachem: The Revolt. Story of the Irgun, Jerusalem 1977.

Behrenbeck, Sabine: Heldenkult und Opfermythos. Mechanismen der Kriegsbegeisterung 1918–1945. In: Linden/Mergner, a. a. O., S. 143–160.

Bion, Wilfred: On Arrogance, 20th International Congress of Psycho-Analysis, Paris (1957), in: Second Thoughts, London 1967.

Breuer, Stefan: Anatomie der Konservativen Revolution, Darmstadt 1993.

Brockhaus, Gudrun: Schauder und Idylle. Faschismus als Erlebnisangebot, München 1997.

Butollo, Willi et al.: Kreativität und Destruktion. Formen posttraumatischer Bewältigung, Stuttgart 1999.

Carlton, David u. Carlo Schaerf (Hg.): International Terrorism and World Security, London 1975.

Dyer, Joel: Harvest of Rage. Why Oklahoma City is only the beginning, Boulder 1997.

Elias, Norbert: Studien über die Deutschen, Frankfurt a. M. 1989.

Eksteins, Modris: Tanz über Gräben. Die Geburt der Moderne und der Erste Weltkrieg, Reinbek 1990.

Erdheim, Mario: Kriegsräusche und Untergangsängste. In: Hans-Joachim Althaus (Hg.): Der Krieg in den Köpfen. Tübingen 1988, S. 47–52.

Fest, Joachim: Hitler. Eine Biographie. Frankfurt a. M./Berlin 1987.

Flatten, Guido et al.: Posttraumatische Belastungsstörungen. Leitlinie und Quellentext, Stuttgart 1999.

Freud, Sigmund: Zeitgemäßes über Krieg und Tod. In: Gesammelte Werke, Bd. 10, Frankfurt a. M. 1963, S. 323–356.

Freud, Sigmund: Briefe an Wilhelm Friess (1887–1904), Frankfurt 1986.

Funcken, Liliane u. Fred: Rüstungen und Kriegsgerät im Mittelalter, München 1979.

Gay, Peter: Kult der Gewalt. Aggression im bürgerlichen Zeitalter, München 1996.

Giernalczyk, Thomas: Lebensmüde, München 1995.

Goebbels, Joseph: Vom Kaiserhof zur Reichskanzlei. Eine historische Darstellung in Tagebüchern, München 1934.

Graves, Robert u. Raphael Patai: Hebrew Myths, London 1963.

Herzl, Theodor: Altneuland, Leipzig o. J. [ca. 1903].

Hodgkinson, Peter u. Michael Stewart: Coping with Catastrophe, London/New York 1998.

Hoffmann, Bruce: Terrorismus – Der unerklärte Krieg, Frankfurt a. M. 2001.

Hohl, Joachim: Zum Symptomwandel neurotischer Störungen. Sozialhistorische und sozialpsychologische Aspekte. In: Heiner Keupp u.Helga Bilden (Hg.): Verunsicherungen. Das Subjekt im gesellschaftlichen Wandel, Göttingen 1989, S. 103–124.

Horn, Klaus: Die insgeheime Lust am Krieg, den niemand wirklich will. In: Peter Passett u. Emilio Modena: Krieg und Frieden aus psychoanalytischer Sicht, Frankfurt a. M. 1983, S. 59–78.

Jünger, Ernst: Der Kampf als inneres Erlebnis. In: Ders.: Sämtliche Werke, Bd. 7, Stuttgart 1980.

Kakar, Sudhir: Die Gewalt der Frommen, München 1997.

Kaplan, David E. u. Andrew Marshal: The Cult an the End of the World, London 1996.

Kind, Jürgen: Psychodynamische Aspekte von Suizidalität. In: Thomas Giernalczyk (Hg.): Suizidgefahr. Verständnis und Hilfe, Tübingen 1997, S. 75.

Kolk, Bessel A. van der et al. (Hg.): Traumatic Stress. Grundlagen und Behandlungsansätze, Paderborn 2000.

Krause, Rainer: Affektpsychologische Überlegungen zur menschlichen Destruktivität. In: Psyche 9/10, 2001, S. 934–960.

Krause, Rainer: Zur Psychologie repressiver Utopien. in: Saarbrücker Hefte 79/80, 1998, S. 35–42.

Krause, Rainer: Allgemeine psychoanalytische Krankheitslehre, 2 Bde., Stuttgart 1997/98.

Linden, Marcel van der u. Gottfried Mergner: Kriegsbegeisterung und mentale Kriegsvorbereitung, Berlin 1991.

Mann, Thomas: Betrachtungen eines Unpolitischen, Frankfurt a. M. 1956.

Ders.: Gedanken im Kriege. In: Ders.: Essays Bd. 2, Frankfurt a. M. 1977.

Mentzos, Stavros: Der Krieg und seine psychosozialen Funktionen, Frankfurt a. M. 1993.

Mernissi, Fatima: Die Angst vor der Moderne. Frauen und Männer zwischen Islam und Demokratie, Hamburg 1992.

Naipaul Vidiadhar Surajprasad: Eine islamische Reise, München 2001.

Peukert, Will-Erich: Geheimkulte, Heidelberg 1951.

Ramachandran, Vilayanur S. u. Sandra Blakeslee: Die blinde Frau, die sehen kann. Rätselhafte Phänomene unseres Bewusstseins, Reinbek 2001.

Reuter, Christoph: Mein Leben ist eine Waffe. Selbstmordattentäter. Psychogramm eines Phänomens, München 2002.

Rojahn, Jürgen: Arbeiterbewegung und Kriegsbegeisterung. Die deutsche Sozialdemokratie 1870–1914. In: Linden/Merner, a. a. O., S. 57–72.

Romocki, S. J. von: Geschichte der Explosivstoffe, Berlin 1895, Nachdruck Hildesheim 1976.

Schlör, Joachim: Krieg ohne Krieger – Krieger ohne Krieg. In: Hans-Joachim Althaus (Hg.): Der Krieg in den Köpfen, Tübingen 1988, S. 131–140.

Schlösser, Anne-Marie u. Alf Gerlach (Hg.): Gewalt und Zivilisation, Gießen 2002.

Schmid, Alex P. et al.: Political Terrorism. A New Guide, New Brunswick 1988.

Schmid, Alex P. u. Janny de Graaf: Violence as Communication. Insurgent Terrorism and the Westen News Media, London 1982.

Schmidbauer, Wolfgang: Ich wusste nie, was mit Vater ist! Das Trauma des Krieges, Reinbek 1996.

Schramm, Wilhelm von: Schöpferische Kritik des Krieges. In: Ernst Jünger (Hg.): Krieg und Krieger, Berlin 1930, S. 33–49.

Sofsky, Wolfgang: Zeiten des Schreckens. Amok, Terror, Krieg, Frankfurt a. M. 2002.

Theweleit, Klaus: Männerfantasien, 2 Bde., Frankfurt a. M. 1977/78.

Toller, Ernst: Eine Jugend in Deutschland, Reinbek 1963.

Verhey, Jeffrey: Der »Geist von 1914« und die Erfindung der Volksgemeinschaft, Hamburg 2000.

Vischer, Friedrich Theodor: Auch Einer. Eine Reisebekanntschaft, Leipzig o. J.

Volkan, Vamik D.: Das Versagen der Diplomatie. Zur Psychoanalyse nationaler, ethnischer und religiöser Konflikte, Gießen 1999.

Woodcock, George (Hg.): The Anarchist Reader, Glasgow 1970.